JN022532

Q＆A
固定資産税家屋評価の実務ポイント

一般財団法人日本不動産研究所
固定資産税評価研究会
編著

ぎょうせい

刊行にあたって

固定資産税は、市町村税の約４割を占める基幹的な税目です。家屋の税収は、その中の４割以上を占めています。全国で課税客体である家屋は、令和３年度においては約5,900万棟あり、これらが公平かつ適正に課税されるためには、その前提となる評価が適切に行われている必要があります。

固定資産税の家屋評価は、再建築価格方式が採用されており、評価の対象となった家屋と、ほぼ同様のものを新築するとした場合に必要とされる建築費を求める必要があります。したがって、家屋の構造等建築に関する知識が求められる場面も多々あります。

一方で、市町村にあっては、職員の減員や人事ローテーションの早期化により、これまでのようなベテラン職員による深い知識と長い経験に基づく固定資産税評価のノウハウ伝承が難しくなっているものと思われます。

当研究所は、「不動産等に関する理論的・実証的研究の進歩発展を促進し、その普及実践化と実務の改善合理化を図ること」を目的として、昭和34年（1959年）に創立されました。以来、半世紀以上にわたって、不動産等に関する、理論的・実証的研究、鑑定評価、コンサルティング業務等を先導的に展開し、不動産等に関する理論の「構築」、「実践」、「普及」のパイオニア、フロントランナーとして活動してまいりました。固定資産税評価に関しましても、総務省、一般財団法人資産評価システム研究センター及び多くの自治体の方々と、理論的かつ実践的な取組みを行ってまいりました。

そうしたなかで得られた多くの知見を広く皆さまに披瀝し、ご活用いただくため、当研究所では「固定資産税土地評価の実務ポイント」を刊行しているところです。これに加えて、近年、固定資産税の家屋評価についての注目度が高まってきていることを踏まえ、家屋評価に関する手引書として「Q&A 固定資産税家屋評価の実務ポイント」を刊行することといたしました。本書は、市町村職員の方々が日々の家屋評価業務にあたる際に手に取りやすいようQ&A形式でまとめています。

本書が、市町村において固定資産税務に携わる皆様にとって、業務の一助となれば幸いです。

令和５年９月

一般財団法人　日本不動産研究所

理事長　**宮内　豊**

はしがき

本書の編著は、当研究所に設置した「固定資産税評価研究会」が行いました。「固定資産税評価研究会」には、固定資産税評価に特化した多くの専門家が属し、日夜研鑽を積んでいます。これら専門家は、日頃より固定資産税評価に関連する業務に従事しつつ、公的委員会等への参画、研修会への出講及び専門誌への寄稿等の活動を行っております。

これまで「固定資産税評価研究会」では、固定資産税土地評価に関する拙著を数回出版しておりましたが、この度家屋評価に関して初めて出版に至ることができました。

本書は、過去に月刊「税」の「ここが知りたい 最新税務Q&A」で連載させていただいていた中の、家屋評価に関する部分を集大成するとともに、最近の家屋評価に関して注意しなければならない事項について取りまとめました。また、なるべく読者の疑問にピンポイントでお答えできるようにQ&A形式とするとともに、固定資産税家屋評価の実務に携わる皆様が直面する様々な課題に、できる限り答えていこうとするものです。このような目的を達成するため、本書では以下のような構成としました。

「Ⅰ 家屋の認定」は、課税客体である家屋に認定されるための要件を整理するとともに、不動産登記との整合性や、実務において直面する事例を取り上げています。

「Ⅱ 家屋の床面積」は、家屋評価における計算単位となる数量について、不動産登記の取扱い等について整理いたしました。

「Ⅲ 新築家屋の評価」は、新築時の再建築費評点基準表の適用方法について、特殊な家屋や複合的な家屋を取り上げながら解説いたしました。

「Ⅳ 既存家屋の評価」は、改築された家屋の評価と再建築費評点補正率について取り上げております。

「Ⅴ 他の固定資産（土地・償却資産）との関連」は、固定資産を一体で捉えた場合の評価上の留意点や、住宅用地の特例や非課税といった課税の関係についても触れています。

本書が固定資産税家屋評価の実務に携わる皆様の一助となれば、編集者代表として望外の喜びです。また、記述が不十分な点もあるかと思いますが、ご教示、ご叱正をお願いする次第です。

なお、本書は一般財団法人資産評価システム研究センターにおける調査研究の成果をふまえています。同センターには、本書における資料の利用等のご配慮に深く感謝を申し上げます。

最後に、本書の刊行にあたって、ご尽力をいただきました株式会社ぎょうせいの担当者の皆様に心から感謝申し上げます。

令和５年９月

一般財団法人　日本不動産研究所　固定資産税評価研究会
代表　**戸張　有**（一般財団法人　日本不動産研究所　公共部長）

Contents

I 家屋の認定

Ⅱ 家屋の床面積

Ⅲ 新築家屋の評価

Ⅳ　既存家屋の評価

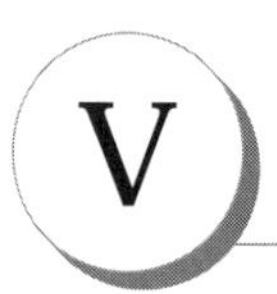

他の固定資産（土地・償却資産）との関連

● 凡　例 ●

本書全体を通じ、下表の略語を用いた。このほか、各設問において略語を用いる場合には、それぞれ各所において「○○（以下「○○」という。）」との形式で定義した。

略語	略さない用語
評価基準	固定資産評価基準（昭和38年自治省告示第158号）
基準解説	令和３年度 固定資産評価基準解説（家屋篇）（一般財団法人地方財務協会、令和３年５月発行）
固定資産税評価	固定資産税における家屋評価
実務提要	固定資産税実務提要（固定資産税務研究会編）
逐条解説	固定資産税逐条解説（固定資産税務研究会編）
評価センター	一般財団法人資産評価システム研究センター
家屋研	家屋に関する調査研究委員会（一般財団法人資産評価システム研究センター設置）

※本書で示す実務提要の頁数は本書発刊時点のものである。

また、本書全体を通じ、引用部分の下線は説明の便宜上付加したものであり、原文には存在しないものである。

家屋の認定

1　固定資産税評価の「家屋」の定義

固定資産税評価における「家屋」とは、どのような建築物をいうのでしょうか。

地方税法第341条第３号では、固定資産税に関する用語の意義として次のとおり定められている。

> 地方税法（昭和25年法律第226号）
> （固定資産税に関する用語の意義）
> 第341条　固定資産税について、次の各号に掲げる用語の意義は、それぞれ当該各号に定めるところによる。
> 三　家屋　住家、店舗、工場（発電所及び変電所を含む。）、倉庫その他の建物をいう。

ただし、これは家屋の種類を掲げたにすぎない。家屋の意義については「地方税法の施行に関する取扱いについて（市町村税関係）」第３章第１節第１二において、「家屋とは不動産登記法の建物とその意義を同じくするものであり、したがって登記簿に登記されるべき建物をいうものであること。」とされている。

そこで、不動産登記規則では建物について、次のとおり定められている。

> 不動産登記規則（平成17年法務省令第18号）
> （建物）
> 第111条　建物は、屋根及び周壁又はこれらに類するものを有し、土地に定着した建造物であって、その目的とする用途に供し得る状態にあるものでなければならない。

したがって、①外気分断性（屋根及び周壁又はこれらに類するものを有すること）、②定着性（土地に定着した建造物であること）、③用途性（その目的とする用途に供し得る状態にあること）を満たす建造物であれば、不動産登記法において登記できる建物であり、固定資産税の課税客体となる家屋となる。

また、例えば野球場の観覧席（屋根を有する部分）など、家屋か否かを容易に判定し難いものがあるが、不動産登記における取扱いは、不動産登記事務取扱手続準則第77条で次のとおりとされている。

不動産登記事務取扱手続準則

（建物認定の基準）

第77条　建物の認定に当たっては、次の例示から類推し、その利用状況等を勘案して判定するものとする。

（1）　建物として取り扱うもの

ア　停車場の乗降場又は荷物積卸場。ただし、上屋を有する部分に限る。

イ　野球場又は競馬場の観覧席。ただし、屋根を有する部分に限る。

ウ　ガード下を利用して築造した店舗、倉庫等の建造物

エ　地下停車場、地下駐車場又は地下街の建造物

オ　園芸又は農耕用の温床施設。ただし、半永久的な建造物と認められるものに限る。

（2）　建物として取り扱わないもの

ア　ガスタンク、石油タンク又は給水タンク

イ　機械上に建設した建造物。ただし、地上に基脚を有し、又は支柱を施したものを除く。

ウ　浮船を利用したもの。ただし、固定しているものを除く。

エ　アーケード付街路（公衆用道路上に屋根覆いを施した部分）

オ　容易に運搬することができる切符売場又は入場券売場等

したがって、固定資産税における取扱いも当該例示に準じて、当該建築物の構造、利用状況等を基に判定することとなる。

2　「外気分断性」判断の留意点

Q　「外気分断性」について、留意することは何でしょうか。

建造物を建物として登記することが認められるためには、雨露をしのぐための屋根及び周壁類によって外気を遮断し、そこに人貨が滞留するための空間がなければならない。これを外気分断性という。

不動産登記では、外気分断性について、用途に応じた外気分断性が求められており、四方すべてが壁などで覆われているような外気分断性は要求していない。

例えば、建築資材を保管するための倉庫等については、その出入りの便などを考慮して、一部開放性があったほうが便利であったり、法令等により開放性が求められていたりする。このような場合は、外気を分断するための周壁類があること自体がその利用目的に適さない場合もある。

それでは、どの程度の周壁などがあれば外気分断性があると判断されるかについて考えると、荷物積卸場、競馬場、野球場などにおいて、屋根がある部分に限り登記することができるとされていることから、建物として登記をするためには少なくとも屋根は必須である。

壁については、一般の住宅等にあっては基本的には周囲のすべてに壁を必要とするが、建物の用途性等を勘案して、最低どの程度の周壁があれば建物として認めるか判断することとなる。例えば、クレーン車の格納庫では、一般の住宅と同じような要件を備える必要はないものの、外気分断性としての周壁の基本的な考え方により、少なくとも三面の周壁が必要であるとされている[※1]。また、駐車場としての建造物については、「排気ガスを排出しやすくするため等の理由から、あえて外気を分断する周壁が施されていないものが多く見受けられます。駐車場の建物認定に際しては、その利用目的を考えた場合、厳格な外気分断性を求めることは困難」※2とされており、開放性があっても建物として認めて差し支えないこととされている。また、不動産登記事務取扱手続準則第77条で建物として取り扱うこととされているものは、建物として取り扱うこととなる。

一方、ガソリンスタンドの給油目的のキャノピー(キノコ型の建造物)については、建物として取り扱わないとされている。

さらに、実務提要145頁では、周壁を折りたたむことができ、取り外しが可能な建造物は家屋と認定することはできないとされている。

周壁なしの資材置場等に係る家屋の認定について(341 Ⅲ)

問　次の建造物を家屋と認定してよいか。

(A) ①構造　軽量鉄骨造
　　②床面積　45㎡
　　③周壁等は全くなし
　　④用途　資材置場

(B) ①構造　鉄パイプ構造
　　②床面積　14㎡
　　③屋根及び四周壁　伸縮構造、クロス(取り外し可能)
　　④用途　車庫

答　(A)、(B)とも、家屋と認定することはできない。

※1　「Q&A表示に関する登記の実務　第4巻」(日本加除出版) 52頁
※2　「建物認定」(財団法人民事法務協会) 85頁

3 「定着性」判断の留意点

「定着性」について、留意することは何でしょうか。

A 民法第86条第1項において、下記のとおり「土地及びその定着物は、不動産とする。」と規定されていることから、固定資産税の課税客体となる家屋というためには、物理的に土地に固着していることが必要である。

> 民法（明治29年法律第89号）
> （不動産及び動産）
> 第86条　土地及びその定着物は、不動産とする。
> 2　不動産以外の物は、すべて動産とする。

この点、従来の一般的な日本式の木造家屋にあっては、石の中央を平らにして、その上に柱を置くだけの建築工法が採られており、当該状態で不動産とされていた。このことからすれば、物理的に絶対不動であることまで要求しているものではなく、土地に固定的に付着し、容易に移動できないものであれば足りると解釈されている。

したがって、アンカーボルトなどで固定されていなくとも、上下水道管、電気の引き込みなどに接続されており、直ちに移動できないのであれば家屋（課税客体）となる。

この点について、丸太の基礎の上に建物を置いただけの状態の山小屋風の喫茶店（延床面積約70㎡）[※3]、別荘の用に供する目的をもって陸揚げされた船舶[※4]についても、それぞれ家屋と認定できるとされている。

※3　実務提要129頁
※4　実務提要137頁

また、以下※5のとおり、公有水面上であっても基礎を定着すれば家屋（課税客体）と認められる。

カキ舟について（341 Ⅲ・Ⅳ）

問　公有水面上に基礎を定着し、その上に和船を置き、内部構造を木造家屋の間取りとなし、公有水面使用認可のもとに飲食営業を行っている通称「カキ舟」は家屋とすべきか、償却資産とすべきか。なお、内部は人の起居し得る設備を有し、海岸部より陸橋（幅１m、長さ1.5m）により連絡し、電気設備も陸より配線している。

答　基礎を定着し、その上に固定しているものについては、家屋と認定すべきである。

※5　実務提要136頁

4 「用途性」判断の留意点

Q 「用途性」について、留意することは何でしょうか。

家屋は、人間がその場所で一定の生活等を営む目的をもって、人工的に構築するものであるから、目的（すなわち用途性）を持たない建物はないといえる。

家屋の要件としての用途性とは、その家屋に一定の生活などの空間があり、人貨の滞留性を有し、その用途の供し得る状態にあるということである。

ただし、約0.5坪程度のスペースしかないATMは登記できる建物ではない（平成19. 4. 13民二第894号民事局長回答）とされている。

当該理由については、次のとおりと考えられている。

「ATMを収容する建造物は数種類あり、全国に散在している。しかし、大型のものでもATMが置かれている場所のほかには、1.84平方メートルの空間（ATMを操作するための空間とメンテナンスルーム）に防犯ビデオ、分電盤、警報装置等があるのみである。したがって当該建造物は、事務所、休憩所、物置等としての用途性がなく、単にATMを囲む堅固な覆いに過ぎず、主たる建物として取り扱うことはできないとされたものである。もっとも、郵便局の局舎に隣接する当該建造物を、附属建物として登記すること自体は否定できず、また、ATMが複数台収容しているとか、利用者の操作待ちのためのスペースが大きいなどの事情があれば、その利用状況を勘案して判断されることになる。」※6

このように、建造物の規模がどの程度のものに達しないと建物と認められないかということについては、結局は、社会通念によって総合的に判断す

※6　「Q&A表示に関する登記の実務　第4巻」（日本加除出版）62頁

ることとなるが、１坪もないような面積しか有しない建造物は一般的には、登記能力のある建物とは認められないものであるので留意する必要がある。

さらに、土地に定着した建造物であっても、下記※7のバッチャープラント※8のように、機械装置そのものは家屋とは認定されない点についても留意が必要である。

バッチャープラントの塔屋について（341Ⅲ・Ⅳ）

問　生コンクリート製造会社に常設されているバッチャープラントを収容している塔屋は、家屋とすべきか、償却資産とすべきか。

答　家屋とは、通常、土地に定着して建造され、屋根及び周壁又はこれに類するものを有し、独立して風雨をしのぎ得る外界から遮断された一定の空間を有する建造物をいうものとされている。

通常バッチャープラントは、外観上屋根及び周壁を有し、土地に定着した建造物であって右の家屋としての要件を具備しているもののように見受けられるが、その実態は機械装置そのものであり、屋根及び周壁と見受けられるものは、単にその装置を覆うために付加されたものにすぎず、当該装置を収容するために設けられたものではないので、家屋と判定することはできない。

したがって、バッチャープラントについては、特に機械装置を収容するための柱及び周壁を有し、明らかに家屋と判定せざるを得ないようなものを除き、その設備一式を機械装置とみて償却資産としての取扱いをすることが適当である。

※7　実務提要121頁
※8　コンクリートを製造するための大型設備

5　登記できない建物の取扱い

不動産登記法において建物ではないとされていても、固定資産税の家屋として、課税客体となることはあるのでしょうか。

住宅展示場などにモデルハウスとして建築される建物については、ハウスメーカーが顧客獲得のために建築するものであるため３年～５年程度で入れ替えるのが一般的である。

不動産登記においては、その建造物自体が永続性を有しているものでなければならないので、建造物の構造、利用目的からみて、長期間継続して土地に付着していることが必要とされている。

上記理由により、外観上は建物として要件を備えていてもモデルハウス、建築工事現場の事務所については、建物として登記できないものとされている。

一方、固定資産税については、相当期間建築されているモデルハウスなどについて、次の実務提要2125・148頁のとおりこれを固定資産税の課税客体としないことは、一般の課税客体となっている家屋との均衡上問題があると考えられることから、相当期間（１年以上）設置されているモデルハウスについては、課税客体として取り扱うものとされている。

軽量型鋼の組立家屋について（388）

問

一　土建業者が各工事現場で、その近くに建てる軽量型鋼の組立現場事務所も固定資産税における家屋に該当するのか。

二　「賦課期日を含む相当な期間継続して存在するものについては、課税の対象となる」とは、具体的には最低何か月、あるいは何年位か。

三　一で家屋に該当するとすれば、固定資産評価基準には適当な項目はないように思われるが如何。あるとすれば補正のしかたを御教示願いたい。

答

一　建築工事現場等に設置される仮設建築物は、構造上家屋の三要件（外気分断性、土地への定着性、用途性）を満たし、相当期間一定の場所に建築されているものについては、他の家屋との課税の均衡上固定資産税の課税客体となるものである。

　この場合の相当期間とは、1年以上を目安とし、実態に即して判断するものである。

二　一により承知されたい。

三　当該家屋については、固定資産評価基準の別表第12非木造家屋再建築費評点基準表のうち、2の（6）軽量鉄骨造建物の「ウ事務所、店舗、百貨店等用建物」を適宜補正して適用されたい。

6　課税客体となる時期

新築家屋が固定資産税の課税客体となる時期はいつでしょうか。

固定資産税の課税客体となる家屋については、不動産登記法によるとされており、不動産登記法において、登記できる家屋とは三要件（外気分断性、定着性、用途性）を備える必要がある。

この点、不動産登記においては「登記することのできる建物は、必ずしも完成した状態にある建物であることを必要とせず床天井を具えていなくても、家屋及び周壁を有し土地に定着した１個の建物であってその目的とする使用に適当な構成部分を具備すれば足りる」（昭和24年２月22日民事甲第240号民事局長回答（昭和24年１月29日大蔵省管理局長照会））とされており、不動産登記においても、必ずしも建築工事が全部完了せずとも登記できるとしている。

建物はその目的とする用途によって当該建物に要求される構造や内部の造作が異なるものである。したがって、その目的とする用途に供し得ると認められる状態については、それぞれの利用目的（用途）によって異なるものである。

例えば、倉庫であれば、屋根と壁があれば足り、床や天井がなくとも問題ないが、住宅については、そこで特定の者が継続的に生活し得る状態が必要となる。

また、不動産取得税においては以下のような取扱通知（地方税法の施行に関する取扱いについて（道府県税関係）第５章第１三（４））より、検査済証を貰える程度、若しくは最低限度の附帯設備の取付けを終わり、家屋として使用し得る状態になったときとしており、概ね不動産登記の内容と同様である。

法第73条の２第２項に規定する家屋が「新築された」とは、事実上家屋の新築が完了したときをいうものであり、新築されたか否かの判定は一般社会通念によるものであるが、次の事項に留意すること。

ア　一般的には、その家屋について当初の新築計画に基づいてその新築が完了した場合をいうものであること。

イ　その判定が困難な場合は、建築基準法の適用がある家屋については、同法第７条第５項又は第７条の２第５項の規定による検査済証の交付を受けうる程度であるかどうかで認定することもできるが、一般的には主要構造部について概ね工事を終了し、最低限度の附帯設備の取付けを終わり、家屋として使用しうる状態になったときをいうものであること。

ウ　この判定は原則として家屋全体について行うのであるが、工事の段階を設けて長期間にわたって工事を行っている場合には各工事部分について行うことができるものであること。

そして固定資産税については、実務提要157、158頁において以下の記載があり、「一連の新築工事が完了した時点」とされている。

未完成家屋の認定（341Ⅲ）

問　新築の附属家用建物で、その用途は、一階部分を物品収納庫として使用し、二階部分を居室として使用することになってはいるが、賦課期日現在、二階の内装工事の着手をせずに残して工事をいったん終了したため、一階部分はその目的とする用途に供されているが、二階部分は内装工事の予定がたたず使用できない状況となっている建物は課税客体となりうるかどうか教示願いたい。

答　固定資産税の課税客体となるべき家屋の認定に当たっては、賦課期日現在における家屋の現況を判断して行うべきものである。

新築家屋にあっては、通常は一連の新築工事が完了し、その目的とする用途に供し得る状態にあるものは、課税客体とすることとなる。

したがって、質問の附属家用建物については、建物のうち、外部仕上げ等工事の一部が未了の場合でも、建物の使用が開始されているものであれば、一連の工事が終了し、その目的とする用途に供し得る状態にあるものと認められるので、課税客体となる。

なお、質問の附属家用建物を評価する場合には、二階部分については、評価はあくまで賦課期日現在の状況によるものである。将来、内装工事が施工されることが明らかであっても、現時点では見込評価はできない。

新築家屋が課税客体となる時期について（341Ⅲ）

問　新築家屋が固定資産税の課税客体となる時期はいつか。

答　新築家屋が固定資産税の課税客体となる時期は、一連の新築工事が完了した時点である。

この一連の新築工事が完了した時点とは、これ以上当該家屋の価格の増加は見込めないといえる程度に工事が完了したと認められる状態、言い換えれば、当該家屋の本来の用途に応じ現実に使用収益することが可能な程度に工事が完了した状態に達したときである。

これについては最高裁判例において、次のように判断されている。

「固定資産税は、家屋等の資産価値に着目し、その所有という事実に担税力を認めて課する一種の財産税であるところ、新築の家屋の場合は、一連の新築工事が完了した段階において初めて家屋としての資産価値が定まり、その正確な評価が可能になるというべきである。」（昭和59年12月7日最高裁判決・判例時報1143号60頁）

7　要件を満たさない建物が家屋評価の対象となるか否か

Q　三要件（外気分断性、定着性、用途性）を満たさない部分は、家屋評価の対象とはならないのでしょうか。

A　例えば、評価基準の再建築費評点基準表に評点項目が設けられているバルコニー(跳ね出しバルコニー）について、一般的には外気分断性がなく登記面積には算入されないが、家屋と構造上一体であるため、評価の対象に含められる部分である。

家屋と構造上一体となっているか否かは、①外気分断性の有無（外観上の一体性)、②構造上一体か否か（構造上の一体性)、③利用実態が一体か否か（用途上の一体性）の観点から検討を行う。

上記視点からすれば、バルコニーは、①外観上の一体性を有しており、②構造上の一体性も有し、③用途上の一体性も有することから、物理的な一棟に含めて評価すべき部分となる。

また、マンション・事務所などの地下ピット・地下機械室についても上記と同様であり、不動産登記法においては床面積に入らないが、評価すべき家屋の部分となる。

一方、家屋とともに設けられるウッドデッキについては、基礎は家屋本体の基礎と分断して独立して設けられており、家屋と接して設けられているものでも、ゴムなどの緩衝材が設置されていることが多く構造上の一体性を有していない。この場合は、構造的に一体とはいえず、家屋評価の対象とはならないと考えられる。

8　登記された家屋に昇降機塔が含まれていた場合の注意点

登記された家屋の階数に昇降機塔の部分が含まれていました。評価や課税上、注意すべき点があれば教えてください。

A　家屋の階数については、建築基準法施行令に以下の定めがある。

> 建築基準法施行令（昭和25年政令第338号）
> （面積、高さ等の算定方法）
> 第２条　次の各号に掲げる面積、高さ及び階数の算定方法は、当該各号に定めるところによる。
> 八　階数　昇降機塔、装飾塔、物見塔その他これらに類する建築物の屋上部分又は地階の倉庫、機械室その他これらに類する建築物の部分で、水平投影面積の合計がそれぞれ当該建築物の建築面積の８分の１以下のものは、当該建築物の階数に算入しない。また、建築物の一部が吹抜きとなつている場合、建築物の敷地が斜面又は段地である場合その他建築物の部分によつて階数を異にする場合においては、これらの階数のうち最大なものによる。

したがって、昇降機塔の水平投影面積が建築面積の８分の１以下の場合、階数に算入されないこととなるため、たとえ登記上階数に含まれていたとしても、評価及び課税にあたっては当該部分は階数に含めない取扱いとすることが適当であると考えられる。

具体的には、評価にあたっては主体構造部の「階層数」の補正項目の適用、課税にあたっては新築住宅の特例の適用の場面が考えられる。

新築住宅の特例は、中高層耐火建築物の場合、減額期間は５年となるが、

「中高層耐火建築物とは、主要構造部を耐火構造とした建築物又は建築基準法第二条第九号の三イ若しくはロのいずれかに該当する建築物で地上階数三以上を有するものをいう」[※9]。

そして、地上階数３以上とは、建築基準法施行令第２条第１項第８号に定めるところにより算定した階数から地階の階数を控除した階数が３以上のものをいうことから、たとえ登記の階数に昇降機塔部分が含まれていたとしても、建築基準法上の取扱いに従うこととなる。

※9　逐条解説693頁

9 トレーラーハウスを家屋と認定する要件

Q トレーラーハウスを家屋と認定する要件にはどのようなものがありますか。

A

1．トレーラーハウスの建築基準法上の取扱い

建築基準法上の建築物については同法第2条第1号で「土地に定着する工作物のうち、屋根及び柱若しくは壁を有するもの（以下略）」と規定されている。

この定義に対し、トレーラーハウスは「土地に定着する」ことの認定基準が重要であり、建築基準法上は「トレーラーハウスのうち、……、随時かつ任意に移動できるものは、建築基準法第2条第1号に規定する建築物には該当しないものとして取り扱う」（平成9年3月31日付建設省住指発第170号）とされている。

すなわち「土地に定着する」ことについては「随時かつ任意に移動」できない旨認定することと同義であり、この場合の判断事項として、規模（床面積、高さ、階数等）、形態のほか、設置状況等が挙げられている。また、この設置状況等の例として、日本建築行政会議資料（平成25年）では次のとおり示されている。

・トレーラーハウス等が随時かつ任意に移動することに支障のある階段、ポーチ、ベランダ、柵等があるもの。
・給排水、ガス、電気、電話、冷暖房等のための設備配線や配管等をトレーラーハウス等に接続する方式が、簡易な着脱式（工具を要さずに取り外すことが可能な方式）でないもの。
・規模（床面積、高さ、階数等）、形態、設置状況等から、随時かつ任意に移動できるとは認められないもの。

また、「随時かつ任意に移動できるとは認められないもの」（したがって、建築物に該当するもの）の例が次のとおり示されている。

・車輪が取り外されているもの又は車輪は取り付けてあるがパンクしているなど走行するために十分な状態に車輪が保守されていないもの。
・上部構造が車輪以外のものによって地盤上に支持されていて、その支持構造体が容易に取り外すことができないもの（支持構造体を取り外すためにはその一部を用具を使用しなければ取り外しができない場合等）。
・トレーラーハウス等の敷地内に、トレーラーハウス等を設置場所から公道まで支障なく移動することが可能な構造（勾配、幅員、路盤等）の連続した通路がないもの。
・トレーラーハウス等が適法に公道を移動できないもの。

このようにトレーラーハウス等は規模、形態が同様であっても、その設置状況次第で建築基準法上の建築物に該当する場合としない場合に判断が分かれることに留意する必要がある。

2．不動産登記における建物の要件

不動産登記における建物とは「屋根及び周壁又はこれらに類するものを有し、土地に定着した建造物であって、その目的とする用途に供し得る状態にあるものでなければならない。」（不動産登記規則第111条）と定義されている。また、固定資産税においてもこの規定に基づき、①外気分断性、②土地への定着性、③用途性、の三要件を満たすものを、課税客体たる家屋と認定することとなる。

トレーラーハウスに対しては、この要件のうち②土地への定着性の認定が重要となる。

この土地への定着性とは、絶対的に移動不可能な状態にして土地に固着した状態のみを指すものではなく、相当の長期間継続して土地に付着し、移動させることなく利用すると認められるものが該当するものと解されている。したがって、基礎工事や附帯設備を施して土地に固着させ、通常の居宅等として永続的に使用する場合には、建物と認定することとなるものである。ここでいう基礎工事とは、広く建物を支える基脚部分ととらえることができ、附帯設備とは、上水道を引く、下水道に接続する、などが考えられる。

このように、家屋認定の要件の一つである土地への定着性とは、前項で建築物の要件とされた「随時かつ任意に移動」できないものと、概ね同じ状態を指していることが明らかとなる。

3．トレーラーハウスを家屋と認定する場合

一般的なトレーラーハウスは特定の土地に定着させて利用するものではないため、不動産登記上の建物とは認定されない。ただし、前項までのとおり、「随時かつ任意に移動」できないものは建築基準法上の建築物に該当し、不動産登記上の建物、すなわち、固定資産税の課税客体たる家屋に該当することとなる。

ここで、土地への定着性を判断するうえで、必ずしも基礎工事の施工は要件とされているわけではなく、基礎のないトレーラーハウスであっても土地との固着の状況に基づき、定着性があるものと判断し得る場合があることに留意する必要がある。

このほか、電気、水道のインフラやポーチなどが設けられているか等、設置状況も確認することが有用である。

4．トレーラーハウス評価の留意点

トレーラーハウスの評価において、特に通常基礎工事がなされていないと考えられることや、車両として利用されていた時期を経て家屋の要件を満たした物件については、車両として利用していた期間の傷み具合についてなど留意する必要がある。

10　コンテナハウスを家屋と認定する要件

コンテナハウスを家屋と認定する要件にはどのようなものがありますか。

A　鋼製の輸送用コンテナを利用したカラオケルームや倉庫の利用が広がっている。ここでは、カラオケルーム等の店舗、倉庫等とともに居住用のコンテナも含めて継続的に使用されているものを「コンテナハウス」として検討対象とする。

1．建築基準法上の取扱い

コンテナハウスは随時かつ任意に移動できないものであり、建築基準法では、その形態及び使用の実態から、建築基準法第２条第１号に規定する建築物に該当するものとされている。（平成元年７月18日付建設省住指発第239号、平成16年12月６日付国住指第2174号）

コンテナハウスが建築物に該当する場合、建築基準法上の次のような規定にも適合することが求められる。

・新たにコンテナハウスを設置する場合は、建築確認申請が必要

・コンテナハウスは、適切な基礎に適切な緊結が必要

・コンテナを利用した貸倉庫は、第一種低層住居専用地域等、一定の用途地域には建築不可

一方、コンテナハウスと同様に土地に自立して設置されるものでも、次のものは建築物に該当しないものとされている。これらはいずれも平常時には「内部に人が立ち入らない」ものである。

ア．コンテナ型データセンター

サーバ機器本体その他のデータサーバとしての機能を果たすため必要と

なる最小限の空間のみを内部に有し、稼働時は無人で、機器の重大な障害発生時などを除いて内部に人が立ち入らないものは、建築物に該当しないものとする。(平成23年3月25日付国住指4933号)

イ．蓄電池を収納する専用コンテナ

土地に自立して設置する蓄電池を収納する専用コンテナで、設備本体その他の設備としての機能を果たすため必要となる最小限の空間のみを内部に有し、稼働時は無人で、機器の重大な障害発生時等を除いて内部に人が立ち入らないものは、建築物に該当しないものとする。(平成25年3月29日付国住指4846号)

ウ．小規模な倉庫

土地に自立して設置する小規模な倉庫（物置等を含む。）のうち、その構造種別にかかわらず、外部から荷物の出し入れを行うことができ、かつ、内部に人が立ち入らないものは、建築物に該当しないものとする。(平成27年2月27日付国住指4544号)

建築物に該当しないものとして示された条件のうち「内部に人が立ち入らない」とは、家屋の三要件のうち「用途性」に対応するものである。構造物が一定の用途性を発揮する（その目的とする用途に供し得る）ためには、一定の人貨滞留性を有することが必要である。したがって、内部に人が立ち入らない構造で建築物に該当しないものは、人貨滞留性がない、すなわち用途性がないため、家屋に該当しないものと解される。

2．コンテナハウスを家屋と認定する場合

家屋の認定要件は、トレーラーハウスと同様に「随時かつ任意に移動」できないものであり、特にコンテナハウスに対しては前項のとおり建築物に該当する旨の国土交通省通知も示されている。したがって、店舗、倉庫、住

居等の用途に継続的に使用されているコンテナハウスは、基本的に建築物であり、家屋に該当するものである。

土地への定着性を認めるのは、本体と基礎部分を容易に取り外しができない状態にされている場合である。過去には、「地表面に置いただけのコンテナハウスは定着性がないので固定資産税がかからない」という誤ったイメージを持たれるケースがあったが、必ずしも基礎との緊結が（建築基準法上は建築物の要件だが）家屋認定の要件とされているわけではなく、コンクリートブロック上に設置されていても継続的に使用されるものは土地への定着性が認められ、家屋に該当することとなる。

また、定着性の認定においては、トレーラーハウスで設置状況を確認したのと同様に、上下水道への接続や電気引込工事も判断の参考とすることができる。

3．コンテナハウスの家屋評価上の留意点

柱・梁がある一般の建築物と異なり、コンテナハウスはユニットのような構造で、他のコンテナと連結したり積み重ねて使用したりすることが想定されており、再建築費評点基準表の標準評点数をそのまま当てはめると高くなりすぎるおそれがある。一般的には柱や梁、胴縁がないことから、主体構造部に補正を要する場合や、部分別で計上しない区分があることに留意する必要がある。

また、地表面に設置された場合の基礎は、コンクリートブロックで施工された基礎を適用する場合や、独立基礎とし、根切り工事がないこと、アンカーボルトの設置状況等により補正する場合が考えられる。

11　トレーラーハウス等が居住用に利用されているときの住宅用地の特例の適用可否

トレーラーハウス等が居住用に利用されているとき、設置された土地は住宅用地の特例の適用対象となりますか。

A

1．住宅用地認定の基本的な考え方

住宅の敷地の用に供されている土地については、住宅政策の見地から税負担を特に軽減する必要があるため、固定資産税・都市計画税の課税標準特例措置（軽減措置）が設けられている。これは、いわゆる住宅用地の特例として、地方税法第349条の３の２に規定されている。また、住宅用地の認定は、「地方税法第349条の３の２の規定における住宅用地の認定について」（旧自治省平成９年４月１日付自治固第13号、平成27年５月26日付総税固第42号）に沿って、①住宅の認定、②住居の数の認定、③敷地の認定、④住宅用地の認定、の順に行うこととなる。以下、特に住宅の認定と敷地の認定について留意点を示す。

2．トレーラーハウス等用地に対する住宅用地認定の留意点

（1）　住宅の認定

建築物（すなわち課税客体たる家屋）に該当するトレーラーハウス等が住宅に該当する要件として、人の居住の用に供されること、すなわち「特定の者が継続して居住の用に供すること」が挙げられる。

トレーラーハウス等に居住用の設備が整っていても、レジャー用など宿泊施設として利用されるものは、不特定多数人の宿泊を目的とする営業用の家屋であり、特定の者が継続して居住の用に供する家屋ではないため、住宅には含まれない。

（2） 敷地の認定

前項に該当するトレーラーハウス等用地は、住宅の敷地として扱われる。この場合の敷地の範囲は、「道路、塀、垣根、溝等によって他の土地と区分して認定するものとするが、明確な境界がない場合においては、土地の使用の実態によって認定する」ものとされている。

トレーラーハウス等用地によっては、駐車場や広い更地の一部などその範囲が明確でない場合も想定される。あくまで現地の使用状況に基づき認定することとなるが、この場合のトレーラーハウス等は建築物に該当するため、建築確認申請における建築計画概要書に示された（建築基準法上の）敷地の範囲も参考とすることができる。

12 家屋か償却資産かの判断

Q トレーラーハウス等が償却資産として申告されることがあります。この場合は家屋、償却資産のいずれが適切ですか。他のコンテナハウスと利用状況が異ならないのに、償却資産の申告の有無で取扱いが変わるのでしょうか。

A

1．償却資産の申告

償却資産は地方税法第341条第4号において「土地及び家屋以外の事業の用に供することができる資産」と規定されている。また、償却資産の申告については、同法第383条（固定資産の申告）において、「償却資産の所有者は、……市町村長に申告しなければならない」、同法第381条第5号において、（固定資産課税台帳の登録事項）「市町村長は、償却資産課税台帳に、……登録しなければならない」と規定されている。

この償却資産の申告と台帳登録との関係について、逐条解説375頁では次のとおり示されている。「償却資産については、土地又は家屋における登記簿のようなものは存しないので、（中略）第383条の規定によって、その所有者に申告義務が課されており、市町村は、この申告及び自らによる調査に基づいて、償却資産課税台帳を調製するものである。」

ここで、市町村が行う「自らによる調査」については、同法第403条第2項（固定資産の評価に関する事務に従事する市町村の職員の任務）、同第408条（固定資産の実地調査）を実施することと解される。

このように、市町村は、償却資産申告書を受け付けるとともに実地調査を行って課税客体を把握し、償却資産課税台帳の作成、納税通知書の送付、を行うこととなる。

また、固定資産税は償却資産についても賦課課税方式が適用されている。したがって、償却資産の申告は、あくまで償却資産の所有状況に関する申告であって、固定資産税（償却資産）に関する申告ではない。この点、所得税の確定申告など、一義的に納税者が納税義務を確定する申告納税方式とは異なることに留意する必要がある。

2．トレーラーハウス等が償却資産として申告されたとき

償却資産は「土地及び家屋以外」の固定資産が該当するものであり、トレーラーハウス等が前項までの検討に基づき建築物、すなわち固定資産税における家屋に該当する場合は、家屋として評価・課税することとなる。

このようなトレーラーハウス等が仮に償却資産として申告されたとしても、あくまで実地調査をふまえ、建築基準法上の取扱いも確認したうえで、家屋と認定する場合がある（すなわち、償却資産課税とはしない）ことに留意する必要がある。

13 賦課期日時点で、一部取り壊されている家屋の取扱い

Q 賦課期日において一部が取り壊されている状態で、不動産登記に反映されていない場合は、家屋の課税客体となり得るのでしょうか。

A 固定資産税の課税客体となる家屋は、不動産登記法における建物とその意義を同じくするものであることから、一部が取り壊されている場合には、建物が依然として登記能力を有しているかにより判断することになる。ここでは２つの判断基準が考えられる。

１．建物の認定基準に基づく判断

建物の認定基準には①外気分断性、②土地への定着性、③用途性の三要件があるが、一部が取り壊されている場合には、②土地への定着性は依然として満たすものの、①外気分断性と③用途性には疑義が生じる。特に、①外気分断性を満たすためには屋根を有することは不可欠の要件であるから、屋根がない場合には認定基準を満たさないと判断できる。

２．建物の滅失に基づく判断

「建物の滅失」とは「社会通念上、残存部分だけでは登記能力のある建物とは認められない状態になること」である。

一部が取り壊された建物の登記能力の有無について、「Q&A表示に関する登記の実務　第５巻」(日本加除出版)409頁には、次のように記載されている。

「一部を取り壊した建物が、なお登記能力を有する建物か否かを判断するに当たっては、①建物の主要部分が残存しているか否か、②取り壊し後の残存部分を利用して修復することが可能であるか否か等を検討して、①及び②とも肯定でき、建物としての利用目的を達することができるものであれば、

依然として建物としての登記能力を認めることができる。」

そして、具体的には、同文献404頁では

「一般的に、一部を取り壊した建物が、なお登記能力を有するか否かの判断としては

（1）残存部分に主要な構造部分が残存しているか

（2）残存部分を利用して、速やかに建物を修復することができるか

（3）その修復するための費用が多額なものではないか

等について総合的に、社会通念に基づいて行うことになると考える。」

とされている。

前記のとおり、1．2．の判断基準は異なることについて、同文献409頁には、次のように記載されている。

「不動産登記制度の使命が不動産の円滑な取引と安全を図ることであるとすれば、建物として取引の対象とされてきたものが、一部の取り壊しを理由にこれを建物ではないとして取り扱うためには、十分に慎重を期すことが求められるところである。したがって、当該建物が建物の認定基準に抵触するような状態が一時的に生じたとしても、なお登記能力を認める場合があるのは当然のことである。」

不動産登記制度とは不動産の円滑な取引と安全を図るためのものであることに鑑みると、既に登記済の建物の一部が取り壊され、建物認定基準に抵触する状態にあったとしても、それが一時的なものであれば、当然に登記能力が認められる場合があるとしている。

つまり、一部が取り壊された場合には、主に新築時の判断基準となる建物認定基準と比較して、その判断基準は弾力的であっても差し支えないと考えられるため、既に課税客体であった家屋が賦課期日において一部取り壊されている状態においては、前記（1）～（3）の要件を満たしていれば、課税客体となり得ると考えられる。

14 賦課期日に改修工事等で、建物の一部が取り壊されている場合の取扱い

Q 賦課期日において、改修工事のため一棟の建物の一部が取り壊されている場合はどのように判断したらよいでしょうか。

前記13のとおり、下記（1）～（3）の要件を満たしていれば、課税客体となり得ると考えられる。

（1）残存部分に主要な構造部分が残存しているか
（2）残存部分を利用して、速やかに建物を修復することができるか
（3）その修復するための費用が多額なものではないか

改修工事は当該建物の効用を高めたり、建物の耐久力を増したりするための処置をなすものであり、当該工事における建物の一部の取り壊しは修復を前提とすることが多い。

したがって、一般的には上記（1）～（3）を充足し、登記能力を喪失していないと判断できることから、引き続き課税客体とすべきである。

なお、基礎や柱などの骨組部分だけを残して、壁や仕上を新たに施工した場合については後述する古材の評価（133～136頁）を、また、改修工事が改築に該当する場合については後述する改築の評価（195～197頁）を参照いただきたい。

15 建物全体の解体工事等のため、賦課期日に一部が取り壊されている場合の取扱い

Q 建物全体の解体工事のため、賦課期日において一部が取り壊されている場合はどのように判断したらよいでしょうか。

A 一般的には建物の解体工事が完了した後、建物の滅失登記が行われ、家屋の課税客体から除外されるが、賦課期日において工事中の家屋の状態によっては疑義が生じる場合がある。特に、外壁や建具の一部が取り壊されているのみの状態の場合には、下記（1）～（3）の要件を満たすことから、登記能力を喪失していないとして、家屋の課税客体とすべきと判断できる。

（1）残存部分に主要な構造部分が残存しているか

（2）残存部分を利用して、速やかに建物を修復することができるか

（3）その修復するための費用が多額なものではないか

しかし、一方で建物所有者は建物すべてを解体することを目的に工事に着手しているのであって、一般的には賦課期日後は建物を使用することを予定しておらず、近い将来滅失することが確実であること等を考慮すると、実務上は、不動産登記要件は参考としつつも、固定資産税の課税対象とはしないといった判断も考えられる。

したがって、建物全体の解体工事途中の場合には、両方の要請を総合的に比較考量し、事案に即した相当な判断を行うことが必要となる。

なお、これらの判断においては、建設リサイクル法（正式名称「建設工事に係る資材の再資源化等に関する法律」）に基づく届出を活用することが考えられる。

建設リサイクル法では床面積80㎡以上の解体工事は、工事着手の７日前までに、発注者から都道府県知事に対して、工事着手の時期等の届出が義務

づけられている。

　したがって、賦課期日における解体工事の状況や、所有者の建物使用意思の確認に当該届出における工事着手時期が有用な場合がある。

16　賦課期日時点で、火災等で建物の一部が未修復の場合の取扱い

火災によって建物の一部が焼失し、賦課期日において修復が行われていない場合は、どのように判断すればよいでしょうか。

建物の構造、仕様を考慮した火災による損害の程度に基づく修復の可能性をふまえて、下記（1）～（3）の要件に基づき、課税客体の是非を判断することになる。

（1）残存部分に主要な構造部分が残存しているか
（2）残存部分を利用して、速やかに建物を修復することができるか
（3）その修復するための費用が多額なものではないか

例えば、木造家屋の場合、主要な構造部の大部分が焼失した場合には、残存部分を利用して建物を修復することは困難であるから、一般的には登記能力を喪失したとして、家屋の課税客体とはなり得ない。一方、鉄骨造建物の場合には鎮火後主要な構造部は残存することが多いが、鉄骨は一定以上の高温にさらされることで強度が低下し、再利用が困難になる場合もあるので、修復の可能性について留意が必要である。

また、一部のみが焼失した場合であっても、消火活動の影響によって内装が広範囲に水等を被った場合では、修復費用が多額になる場合があるので、併せて留意が必要である。

なお、修復費用が多額ではないと判断できる場合であっても、当該建物の市場価格を考慮すると、所有者は修復より解体の意思を有する場合がある。

この場合は前記と同様に、両方の要請を総合的に比較考量し、事案に即した相当な判断を行うことが必要となるが、市町村ごとに実務上の判断基準を定めることが適当である。

家屋の床面積

1　評価基準における床面積の概要

評価基準における床面積とは、どのようなものか教えてください。

評価基準において木造、非木造はそれぞれ以下のように記載されている。

評価基準第２章第２節二２
　各個の木造家屋の再建築費評点数を付設する場合の計算単位として用いる木造家屋の床面積は、各階ごとに壁その他区画の中心線で囲まれた部分の水平投影面積により、平方メートルを単位として算定した床部分（階段室又はこれに準ずるものは、各階の床面積に算入するものとし、吹抜の部分は、上階の床部分に算入しないものとする。）の面積によるものとし、１平方メートルの100分の１未満の端数は、切り捨てるものとする。

評価基準第２章第３節二２
　各個の非木造家屋の再建築費評点数を付設する場合の計算単位として用いる非木造家屋の床面積は、各階ごとに壁その他区画の中心線で囲まれた部分の水平投影面積により、平方メートルを単位として算定した床部分（階段室、エレベーター室又はこれらに準ずるものは、各階の床面積に算入するものとし、吹抜の部分は、上階の床部分に算入しないものとする。）の面積によるものとし、１平方メートルの100分の１未満の端数は、切り捨てるものとする。

評価基準に記載されている内容は、不動産登記規則第115条と同様であり、したがって、固定資産評価基準の床面積は、原則として不動産登記法の床面積である。

しかしながら、評価基準における家屋の床面積は、家屋の再建築費評点数を算出する場合の計算単位となっているため、評点付設の便宜上、不動産登記法における床面積の取扱いとは異なる取扱いが可能とされている。これにより、不動産登記法上、床面積に入らない部分であっても家屋の評価上、他の家屋との均衡のために評価する必要がある部分については、算入できるとしている[※1]。

不動産登記規則
（建物の床面積）
第115条　建物の床面積は、各階ごとに壁その他の区画の中心線（区分建物にあっては、壁その他の区画の内側線）で囲まれた部分の水平投影面積により、平方メートルを単位として定め、１平方メートルの100分の１未満の端数は、切り捨てるものとする。

※1　基準解説30頁

2　家屋の評価上で床面積に含める場合

　不動産登記法上、床面積に入らない部分であっても、家屋の評価上、他の家屋との均衡のために床面積に含める場合とは、具体的にはどのようなものがありますか。

　登記床面積に算入されなかった部分が存在する場合や、水平方向の床面積の有無にかかわらず見付面積※2の存在する場合などが考えられる。

1．登記床面積に算入されない部分

　不動産登記事務取扱手続準則第82条では、下記のとおり高さ1.5ｍ未満の場合床面積に算入されないこととなる。

> 不動産登記事務取扱手続準則（抜粋）
> （建物の床面積の定め方）
> 第82条
> （１）　天井の高さ1.5メートル未満の地階及び屋階（特殊階）は、床面積に算入しない。ただし、１室の一部が天井の高さ1.5メートル未満であっても、その部分は、当該１室の面積に算入する。
> （後略）

　具体的には、小屋裏物置（ロフト）の部分が考えられるが、床面積には含まれなくとも家屋と構造上一体となった床は存在するため、評価上床面積に含めることは差し支えない。ただし、当該小屋裏物置が存在した場合の評価方法については留意する必要がある。詳細については後述のとおり（46～

※２　対象物の外郭の面積をいう。

50頁）である。

2．水平方向の床面積の有無にかかわらず見付面積の存在する場合

これは、具体的には吹抜が存在する家屋の外壁仕上及び内壁仕上を指している。外壁仕上及び内壁仕上は、延べ床面積に比例するため、固定資産税評価上の計算単位は延べ床面積となる。しかし、吹抜が存在する家屋の場合、延べ床面積は吹抜分減少するが、それにより比例的に外壁仕上及び内壁仕上が減少するわけではない。

この場合の対応方法としては、「吹抜部分に床があるものとして延べ床面積に含め、これを計算単位としての延べ床面積とすることが適当である。(中略）この場合、外壁仕上と他の部分別で計算単位となる延べ床面積が異なることとなっても差し支えないものである。」[※3]とされており、内壁仕上[※4]についても同様である。

※3　基準解説158頁
※4　基準解説179頁

3　階段部分の床面積の算定～建築基準法～

階段部分の床面積の算定について、確認申請、建築計画概要書に記載されている建築基準法における床面積ではどのように算定するか教えてください。

開放性がある屋外階段については、建築基準法では、昭和61年4月30日付建設省住指発第115号「床面積の算定方法について」において以下のとおりとされており、原則として、床面積には算入されない。

> (6)　屋外階段
> 次の各号に該当する外気に有効に開放されている部分を有する階段については、床面積に算入しない。
> イ　長さが、当該階段の周長の２分の１以上であること。
> ロ　高さが、1.1m以上、かつ、当該階段の天井の高さの２分の１以上であること。

一方、屋内階段（階段室）については、建築基準法では、図表２－１のように、階段及び踊場の水平投影面積を階段が設置された上階側の床面積で算定し、階段等の最下部は、原則、屋内的用途に供する部分であるか否かにかかわらず、存する階の床面積に算入するとしている。

図表２－１　建築基準法における階段の床面積の取扱い

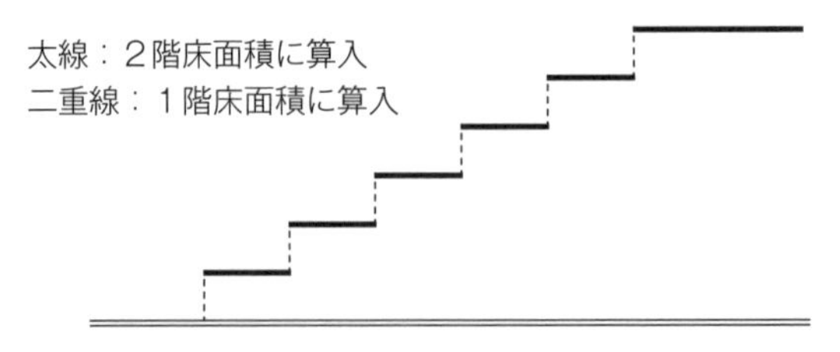

4　階段部分の床面積の算定～不動産登記法～

階段部分の床面積の算定について、固定資産税評価の床面積を算定する原則となる不動産登記法においてどのように取り扱うのか教えてください。

不動産登記事務取扱手続準則第82条第7号において以下のように定めており、建物に附属する屋外階段は、床面積に算入しないとしている。

（建物の床面積の定め方）
第82条　建物の床面積は、規則第115条に定めるところによるほか、次に掲げるところにより定めるものとする。
（1）　天井の高さ1.5メートル未満の地階及び屋階（特殊階）は、床面積に算入しない。ただし、1室の一部が天井の高さ1.5メートル未満であっても、その部分は、当該1室の面積に算入する。
（2）　停車場の上屋を有する乗降場及び荷物積卸場の床面積は、その上屋の占める部分の乗降場及び荷物積卸場の面積により計算する。
（3）　野球場、競馬場又はこれらに類する施設の観覧席は、屋根の設備のある部分の面積を床面積として計算する。
（4）　地下停車場、地下駐車場及び地下街の建物の床面積は、壁又は柱等により区画された部分の面積により定める。ただし、常時一般に開放されている通路及び階段の部分を除く。
（5）　停車場の地下道設備（地下停車場のものを含む。）は、床面積に算入しない。
（6）　階段室、エレベーター室又はこれに準ずるものは、床を有するものとみなして各階の床面積に算入する。
（7）　建物に附属する屋外の階段は、床面積に算入しない。
（8）　建物の一部が上階まで吹抜になっている場合には、その吹抜の部分は、上階の床面積に算入しない。
（9）　柱又は壁が傾斜している場合の床面積は、各階の床面の接着する壁その他の区画の中心線で囲まれた部分による。

(10) 建物の内部に煙突又はダストシュートがある場合（その一部が外側に及んでいるものを含む。）には、その部分は各階の床面積に算入し、外側にあるときは算入しない。

(11) 出窓は、その高さ1.5メートル以上のものでその下部が床面と同一の高さにあるものに限り、床面積に算入する。

また、「Q&A表示に関する登記の実務　第４巻」（日本加除出版）368頁においては「実務の取り扱いは、階段部分に横壁が設けられていて、その階段が一つの室を形成していると認められるような場合には、吹抜け部分から独立しているものとして、この部分を２階の床面積に算入することになる。しかし、単に手すりを備え付けたものや踏板状の階段は、吹抜け部分から独立していないと認められるので、吹抜け部分と同様にこれを２階の床面積に算入しないとしている。」としている。

以上より、開放性のある屋外階段や、屋内階段でも吹抜の階段は床面積に算入されないが、横壁が設けられて階段室を形成している場合には、踏面部分は上階の床面積に算入されることとなる。

5 建床面積の概要

部分別資材の「屋根仕上」及び「基礎」の計算単位となっている「建床面積」とは何ですか。

建床面積について、「家屋評価用語集（昭和63年３月）」198頁（評価センター）では、次のとおりとされている。

> 建床面積（たてゆかめんせき）
> 家屋の１階部分の床面積をいい、建築面積のことである。壁その他の区画の中心線で囲まれた部分の水平投影面積により表す。

ここに記載されている建床面積とは、一般的な家屋を想定して記載されたものと考えられるが、現実の家屋では、必ずしも「１階部分の床面積＝屋根仕上の面積」「１階部分の床面積＝基礎の面積」とならない場合もあるので留意する必要がある。

なお、上記でいう建築面積とは、建築基準法による建築面積と考えられる。建築基準法施行令では、次のように定義されており、１階の床面積と同一とならないこともある。

> 建築基準法施行令
> （面積、高さ等の算定方法）
> 第２条　次の各号に掲げる面積、高さ及び階数の算定方法は、当該各号に定めるところによる。
> 二　建築面積　建築物（地階で地盤面上１メートル以下にある部分を除く。以下この号において同じ。）の外壁又はこれに代わる柱の中心線（軒、ひさし、はね出し縁その他これらに類するもの（以下この号において「軒等」という。）で当該中心線から水平距離１メートル以上突き出た

もの（建築物の建蔽率の算定の基礎となる建築面積を算定する場合に限り、工場又は倉庫の用途に供する建築物において専ら貨物の積卸しその他これに類する業務のために設ける軒等でその端と敷地境界線との間の敷地の部分に有効な空地が確保されていることその他の理由により安全上、防火上及び衛生上支障がないものとして国土交通大臣が定める軒等（以下この号において「特例軒等」という。）のうち当該中心線から突き出た距離が水平距離１メートル以上５メートル未満のものであるものを除く。）がある場合においては、その端から水平距離１メートル後退した線（建築物の建蔽率の算定の基礎となる建築面積を算定する場合に限り、特例軒等のうち当該中心線から水平距離５メートル以上突き出たものにあつては、その端から水平距離５メートル以内で当該特例軒等の構造に応じて国土交通大臣が定める距離後退した線））で囲まれた部分の水平投影面積による。（以下略）

家屋評価における本来の目的は、「評点の付設」及び「評価の均衡」という趣旨であることからすると、家屋評価に用いられる「屋根仕上」及び「基礎」の計算単位となる「建床面積」は次のとおりとなる。

「屋根仕上」

補正項目で「軒出の多少」の補正項目があることから、軒出については、面積で算定する必要はない。したがって、屋根における建床面積とは、当該家屋全体の水平投影面積を基礎として柱・壁等の中心線で囲まれた部分を指すものと考えられる。

「基礎」

面積に関係する補正項目は特段設けられていない。したがって、実際に基礎がある範囲が計算単位となる建床面積に該当すると考えられる。

また、次のように、ピロティ、ポーチのある家屋については、注意が必要である。

図表２－２　ピロティやポーチのある家屋の注意点

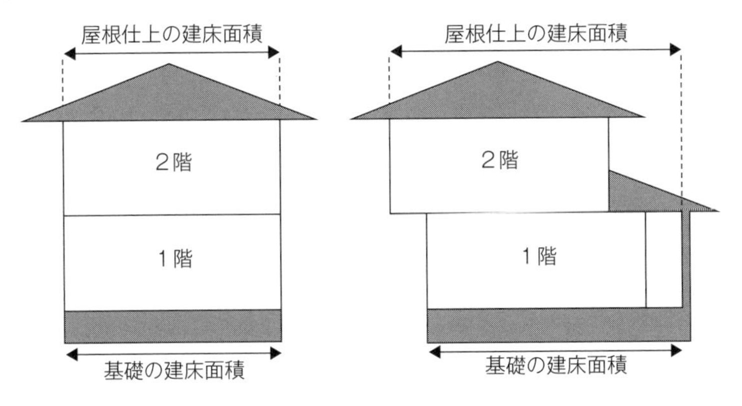

建床面積について、左の家屋では、「屋根仕上の面積＝基礎の面積」となるが、右の家屋では、「屋根仕上の面積≠基礎の面積」となる。

6 家屋と構造上一体であると認められる部分が存在する場合の取扱い

登記床面積に算入されなかったが、家屋と構造上一体であると認められる部分が存する場合の評価上の取扱いについて教えてください。

A 登記床面積に算入されなかったが、家屋と構造上一体であると認められる部分の反映方法は、以下の２つが考えられる。

①計算単位の床面積は登記床面積を採用して、登記床面積に算入されなかった家屋評価対象となる部分は、補正項目の「施工量の多少」による補正係数で考慮するか、又は所要の補正により考慮する方法

②登記床面積に算入されなかった部分を加えた床面積を計算単位として採用する方法

評価基準における家屋の床面積は、家屋の再建築費評点数を算出する場合の計算単位となっているため、評点付設の便宜上、不動産登記法における床面積の取扱いとは異なる取扱いをすることが可能である。したがって、②の方法も許容されている。

しかし、固定資産税評価における床面積は原則不動産登記における床面積と一致するものであるため、登記床面積を計算単位として採用することを前提に、「ア．高床式の事務所」、「イ．小屋裏物置を含む住宅」、「ウ．下階が店舗で中層階が駐車場の複合用途家屋」を例に、評価上留意すべき点を説明する。

ア．高床式の事務所

図表２－３のように、高床式家屋（ピロティ式家屋）については、１階は基脚（柱）のみで周壁がないことから、登記床面積には算入されない。し

かし、１階部分についても家屋評価にあたっては考慮することが必要となる。

実務提要においては「一階部分については床面積に算入せず、また、基脚部分については家屋の一部として評価する取扱いとされたい。」[※5]と記載されている。すなわち、基脚部分はバルコニーなどと同様、家屋本体と一体となっているため家屋評価の対象となるものである。

明確計算[※6]では基脚部分は主体構造部に含んで評価されるが、不明確計算[※7]においては、基脚部分の評点数は、再建築費評点基準表に「基脚」という名称の標準評点数が示されていないため、所要の補正により付設する必要があると考えられる。

また、基脚部分の下は、鉄筋コンクリート基礎又は杭打地業が施工されているので家屋の評価対象となるし、基脚の水平部分の床仕上、天井仕上、照明設備等があればこれらも家屋評価の対象となる。

図表２－３　高床式の事務所のイメージ

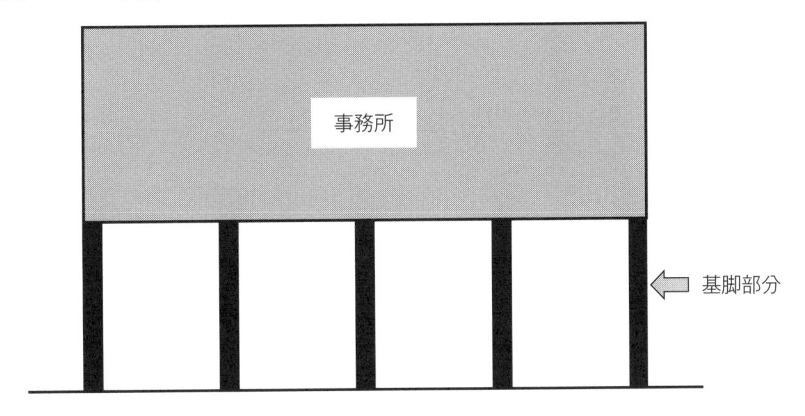

※５　実務提要2125・137頁
※６　見積書等により使用資材の数量が明確に把握できるものとして当該使用資材に適用されるべき標準評点数に当該数量を乗じて再建築費評点数を算出する方法
※７　見積書等により使用資材の数量を明確に把握するのではなく、単位当たり標準評点数の積算基礎に標準量を乗じて求められた標準評点数に計算単位を乗じることで再建築評点数を算出する評価方法

イ．小屋裏物置を含む住宅

小屋裏物置を有する住宅については、当該物置部分の天井高が低いため、以下のとおり登記床面積及び階に算入されない場合がある。

> 不動産登記事務取扱手続準則
> （建物の床面積の定め方）
> 第82条
> （1）　天井の高さ1.5メートル未満の地階及び屋階（特殊階）は、床面積に算入しない。ただし、1室の一部が天井の高さ1.5メートル未満であっても、その部分は、当該1室の面積に算入する。
> （後略）

> 平成12年6月1日建設省住指発第682号（建築基準法の一部を改正する法律の施行について）一部抜粋
> 小屋裏、天井裏その他これらに類する部分に物置等がある場合において、当該物置等の最高の内法高さが1.4メートル以下で、かつ、その水平投影面積がその存する部分の床面積の2分の1未満であれば、当該部分については階として取り扱う必要はない

当該部分の取扱いについては、以下のとおり、家屋の部分別に反映した補正係数を用いて家屋評価に反映することが考えられる。

小屋裏物置部分の天井高が通常の居室部分の半分程度の場合であれば、家屋が全体的に0.5階分高くなることを考慮し、外壁仕上、柱・壁体、内壁仕上、建具等の家屋の垂直方向に関係する部分が0.5階分程度であることを加味して補正係数を想定する。天井仕上、床仕上の水平方向に関係する部分は、当該小屋裏物置の床面積分を加味した補正係数を想定する。

図表２－４　小屋裏物置を含む家屋のイメージ

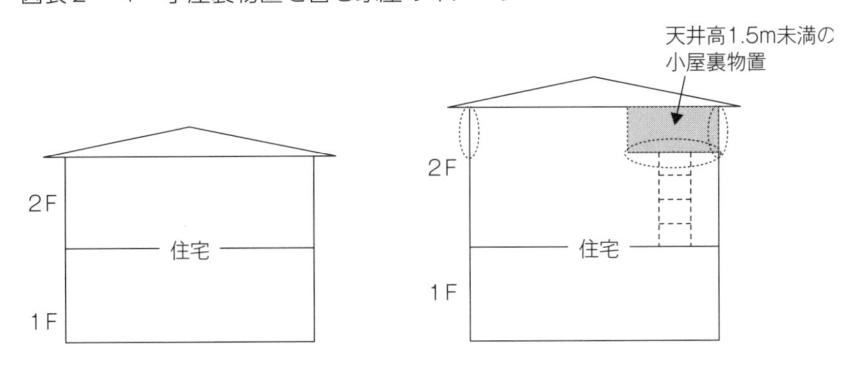

小屋裏物置部分は登記床面積に含まれないことから、図表２－４の左図と右図の登記床面積は同一となるが、右図は左図に比べて以下の部分が増加することとなるので、補正係数により反映させる必要がある。

○垂直方向の丸印：「柱・壁体」「外壁仕上」「内壁仕上」「建具」が0.5階分増加

○水平方向の丸印：「床組」「床仕上」「天井」が小屋裏物置の面積分増加

ウ．下階が店舗で中層階が駐車場の複合用途家屋

１・２階の低層階が店舗、３階以上が店舗の駐車場である家屋について、駐車場部分が床面積に算入されずに、図表２－５の左図のとおり登記されたが、駐車場部分を含むと水平投影床面積は右図のとおりとなり、登記床面積と大幅に異なる場合がある。

登記床面積に算入されなかった駐車場部分を適切に反映させるためには、床面積に算入されなかった駐車場部分（右図の水平投影床面積20,400㎡から左図の登記床面積9,600㎡を差し引いた10,800㎡）に対して施工されている内容を、部分別区分ごとに把握し、反映していく必要がある。

当該家屋の場合、部分別区分のうち基礎工事や建具等については、駐車

場部分の有無に関係しないが、床面積に算入されなかった駐車場部分について、施工されている内容から考慮すべき対象となるのは、部分別区分のうち主に主体構造部・床仕上・建築設備が考えられる。

主体構造部については、明確計算の場合は、見積書や図面から使用資材の数量が把握可能なため、評価に適切に反映させることができる。一方、見積書等がない不明確計算の場合は、水平投影面積から把握した駐車場部分について、類似の立体駐車場から鉄骨量などの資材量を把握し、所要の補正により反映させる必要がある。床仕上については、コンクリートの仕上が施工されている点を、所要の補正に反映させる。建築設備については、駐車場に存する照明設備・監視カメラ配線設備・防災設備など台数・対象床面積等の計算単位に応じて把握した内容を、所要の補正により反映させることとなる。

このように、床面積に算入されなかった駐車場部分については、施工されている内容に応じて、所要の補正や各補正項目における補正係数により、評価に適切に反映する必要があると考える。

図表２－５　下階が店舗で中層階が駐車場の複合用途家屋のイメージ

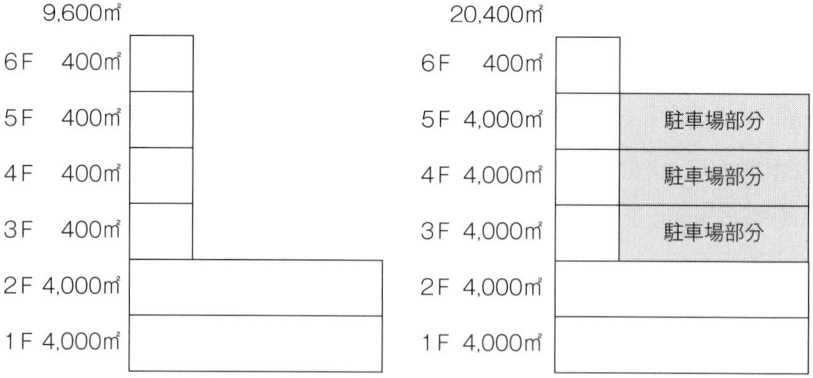

9,600㎡
6F　400㎡
5F　400㎡
4F　400㎡
3F　400㎡
2F 4,000㎡
1F 4,000㎡

20,400㎡
6F　400㎡
5F 4,000㎡　駐車場部分
4F 4,000㎡　駐車場部分
3F 4,000㎡　駐車場部分
2F 4,000㎡
1F 4,000㎡

新築家屋の評価

§1　再建築費評点基準表の適用

1　再建築価格方式の概要

固定資産税評価は再建築価格方式が採用されていますが、そもそも再建築価格方式とはどのような方式でしょうか。

A

固定資産税評価において再建築価格方式が採用されている理由について、「固定資産評価制度調査会答申　固定資産評価制度調査会（昭和36年４月１日　編集 自治省税務局固定資産税課）」13頁では、次のとおり記載されている。

> 家屋の評価は、再建築価格を基準として評価する方法によるべきである。
>
> 家屋の評価方法については、再建築価格を基準として評価する方法のほか、取得価格を基準として評価する方法、賃貸料等の収益を基準として評価する方法又は売買実例価格を基準として評価する方法が考えられるが、現実の取得価格は、その取得の際の個別的な事情による偏差があり、実際賃貸料等は、種々の事情によりはなはだしい格差があるので、いずれも評価の基準として採用することはできない。また、売買実例価格は、取得価格と同様に、個別的な事情による偏差があるほか、家屋の取引が一般的に宅地とともに行われている現状からして、そのうち家屋の部分を分離することが困難である等の事情があるのに対し、再建築価格は、家屋の価格の構成要素として基本的なものであり、その評価の方式化も比較的容易であるので、家屋の評価は、再建築価格を基準として評価する方法によることが適当である。

また、基準解説２頁では次のとおり記されている。

> この方法は、評価の対象となった家屋と同一のものを、評価の時点において、その場所に新築するものとした場合に必要とされる建築費（再建築費）を求め、当該再建築費に当該家屋の時の経過によって生ずる損耗の状況による減価を考慮し、必要に応じてさらに需給事情による減価を考慮して、当該家屋の価格を求めるものである。なお「同一のもの」とは、家屋の構造、規模、形態、機能等が同一であり、当該家屋を構成している資材とその量がほぼ同様であるものをいい、構法、施工法、使用資材等の全てが完全に同一のものをいうものではないことに留意する必要がある。
>
> この方法が採用されたのは、建築価格は、家屋の価格を構成する基本的な工事原価に基づくものであり、その評価の方式化も比較的容易であるとともに個別的な事情による価格差が少ないという長所が認められたためである。

すなわち再建築価格方式とは、取引価格ではなく、また評価対象家屋と完全に同一のものを再建築する費用によって求めるものではない。

したがって、評価基準に定められている再建築費評点基準表を適用して評価することになるが、その際に実際の工事費用に合うように施工の程度などで補正をする必要はない。

さらに、当該再建築価格方式については、「評価基準が定める評価の方法によっては再建築費を適切に算定することができない特別の事情又は評価基準が定める減点補正を超える減価を要する特別の事情の存しない限り、その適正な時価であると推認するのが相当である。」※1とされており、その妥当性についても「建物を現実に新築した際の特殊事情に左右されることなく適正な時価を算出することのできる最も妥当な方法である。」※2といわれている。

※１　最高裁（二小）平成15年7月18日判決・平成11年（行ヒ）第182号
※２　福岡地裁平成2年11月6日判決・昭和60年（行ウ）第9号

2　複数用途が混在する建物の評点基準表の適用

Q

一棟の建物内に複数の用途が混在している場合、評点基準表をどのように適用すればよいのでしょうか。

例えば、外観上一棟全体で専用住宅用建物としてみられる家屋においても、家屋内においては住居利用のほかに、物置や駐車場としての利用を目的とした部分が存する場合があります。このようなときは、どの用途の評点基準表を適用すればよいのでしょうか。

評点基準表の適用について、評価基準では次のとおり規定されている。

> 評価基準第２章第２節
>
> 二　部分別による再建築費評点数の算出方法
>
> 部分別による再建築費評点数の算出方法によつて木造家屋の再建築費評点数を求める場合は、当該木造家屋の構造の区分に応じ、当該木造家屋について適用すべき木造家屋評点基準表によつて求めるものとする。
>
> （中略）
>
> 〔木造家屋再建築費評点数の算出要領〕
>
> １　木造家屋評点基準表の適用
>
> 木造家屋評点基準表の適用に当たつては、次によつて、各個の木造家屋に適用すべき木造家屋評点基準表を定めるものとする。
>
> （１）　各個の木造家屋の構造の相違に応じ、当該木造家屋について適用すべき木造家屋評点基準表を定める場合においては、その使用状況のいかんにかかわらず、当該木造家屋の本来の構造によりその適用すべき木造家屋評点基準表を定めるものとする。
>
> （２）　木造家屋の構造等からみて直ちに適用すべき木造家屋評点基準表を定めることが困難なものについては、当該木造家屋の構造等からみて最も類似している建物に係る木造家屋評点基準表を適用するものとする。

（3） 一棟の建物で二以上の異なつた構造を有する部分のある木造家屋については、当該各部分について、それぞれに対応する木造家屋評点基準表を適用するものとする。

ここで「使用状況のいかんにかかわらず、……本来の構造により」とされていることから、例えば、住宅展示場のモデルハウスは、本来の構造である「戸建形式住宅用建物」の評点基準表を適用すべきと解される。なお、このモデルハウスについて経年減点の適用においては、その使用状況に基づき「店舗」とすることが適当と考えられ、評点基準表と構造・用途の認定が異なる場合があることに留意する必要がある。

また、「二以上の異なつた構造」について、「それぞれに対応する評点基準表を適用する」という主旨からすると、異なる構造とともに異なる「用途」に供されている場合も、木造・非木造の部分にそれぞれ分けて評点基準表を適用したうえで合算することとなる。

実際にこのような家屋における評点基準表適用の是非について争われた大阪高裁判決（平成23年（ネ）第1784号損害賠償請求控訴事件）（原審・奈良地方裁判所葛城支部平成22年（ワ）第465号）を紹介する。

［概 要］

①平成18年3月頃建築された木造2階建の家屋で、一棟全体としての外観は居住の用に供する構造であるが、1階の大部分が物置、2階が居宅として設計されていた。なお、1階については、床の大部分の仕上げはモルタルで、壁や天井には壁紙が貼られておらず、壁の木板等は露出したままの状況であった。

②X市は、本件建物全体に専用住宅用建物としての評点基準表を当てはめて、課税処分を行った。

③原告（個人）は本件建物の課税額に不服を抱き、X市税務課に根拠資

料等の開示を求めたが、開示されなかった。

④その後原告が弁護士を通じて開示請求した結果、評価調書が開示され、原告は１階の物置に係る評価が高額であるとして、審査申出をした。

⑤審査委員会は本件建物の居宅部分と物置部分の評価を別個に行うこと等を認めた。

この事件は、原告（個人）が新築した家屋に係る固定資産税の評価について、被告に固定資産評価調書の開示を求めたが、X市側がこれを開示しなかったことに起因する、原告が負担した弁護士費用等の損害について、国家賠償法第１条第１項に基づき賠償を求めたものである。⑤のとおり、審査委員会において本件建物の居宅部分と物置部分の評価を別個に行うことが認められているが、大阪高裁の判決においても本件別個評価の是非について言及している。

国家賠償法（昭和22年法律第125号）

第１条　国又は公共団体の公権力の行使に当る公務員が、その職務を行うについて、故意又は過失によつて違法に他人に損害を加えたときは、国又は公共団体が、これを賠償する責に任ずる。

［大阪高裁の判決（平成23年（ネ）第1784号）］

「固定資産の評価は、固定資産評価基準に基づいてしなければならないところ、以上のとおり、同基準は、一棟の建物であっても、２以上の部分に区分して評点数を付設する必要がある場合は、原則として区分して評点数を付設することとしているから、異なる用途に供せられる部分がある場合は、それぞれについて評点数を付設することが求められていると認めるのが相当」

「本件建物については、物置部分とその他の部分を区別して評点数を付設すべきであり、本件建物全体を専用住宅用建物と評価したことは、本件建物の各階の構造について事実を誤認するか又は固定資産評価基準を合理的理由なく逸脱した評価をしたもので、地方税法403条１項に反する。」

つまり、本件家屋の場合、当初は一棟全体を「専用住宅用建物」として評価したが、これは、「固定資産税の価格は固定資産評価基準によって決定しなければならない」と定めている地方税法第403条第１項に反しており、評価基準によれば１階の物置部分は「倉庫用建物」として別個に評価すべきであったというものである。

実務上は、１階が駐車場で２階より上階が居宅という設計・仕様の家屋の評価を行う場合もあると思われるが、このような場合はそれぞれの用途に応じた部分ごとに評点基準表を適用しなければならないことが、上記の判決からも読み取れる。

しかし、一棟の家屋に２つ以上の異なった用途で設計されている部分がある場合でも、一棟全体で評価を行っても差し支えない場合がある。

評価センター発行の「固定資産税 木造家屋評価実務マニュアル 令和３基準年度版」の13頁においては

家屋の規模にもよるが、住宅以外の２つ以上の構造を有する部分が混在している家屋であっても、その主たる構造の部分が一棟の床面積のうち大部分を占めており、その他の構造の部分が補助的なものであって、かつ主たる構造に対応する評点基準表の補正の範囲内で適正な評価が行えると判断されるものについては、その主たる構造に対応する評点基準表によって一棟全体を評価しても差し支えない。

と記載されている（大阪高裁判決に照らすと、文中の「構造」とは「用途」

も含んでいると解釈できる)。

つまり、一棟における各用途の占める割合を考慮して、ある用途が一棟全体における大部分を占めている場合には、当該用途に対応する評点基準表を一棟全体に適用しても差し支えないということになる。どの程度の割合をもって“大部分を占めている”と判断するかは、各市町村の裁量に任されているのが現状であるが、前記裁判における家屋の保存登記の登録免許税の算定においては、居宅部分と物置部分の占める面積割合が概ね6：4であったことから、一棟全体について専用住宅用建物とした評価は不適切であったと判断したと考えられる。

以上のことから、設問に対しては以下の回答となる。

原則：各用途部分ごとに対応する評点基準表を適用する。

例外：ある用途部分が一棟全体のうち大部分を占めている場合は、当該用途の評点基準表を適用しても差し支えない。

前記裁判の判決文においては「本件建物の設計図（乙11）だけからでも、1階の主要な構造は明らかであるし、本件建物内部に立ち入れば、居宅部分と物置部分の区別は容易である」としている。また、本来行うべきであった用途部分ごとの評価については「従来からこのような評価をしておらず、本件でも十分な検討をせずに、漫然と前例に従って一つの専用住宅用建物と判定したことが窺われる」として、「本件の固定資産税の評価は、国家賠償法上も違法であり、また、X市職員がこのような違法な評価をしたことにつき、少なくとも過失があるというべきである」と結論づけていることから、家屋評価における評価基準遵守の重要性が改めて認識される。

なお、一棟の建物において異なる評点基準表を適用したとしても、経年減点補正率基準表は当該建物の主たる用途を判定して一棟全体に適用するので、両基準表の適用にあたっては混乱しないよう、留意が必要である。

3 評点数の転用や補正の可否

Q **ある構造・用途の評点基準表に記載されている評点数を他の構造・用途の家屋評価に転用したり、既存の評点数を補正して求めた評点数によって評価を行ったりすることは、評価基準において認められているのでしょうか。**

A 評価基準の第2章第1節六1では市町村長が木造・非木造家屋の評点基準表を適用する場合において、当該評点基準表について「所要の評点項目及び標準評点数がないとき、その他家屋の実態からみて特に必要があるときは、木造家屋評点基準表又は非木造家屋評点基準表について所要の補正を行い、これを適用することができるものとする」と記載されている。また、続く第2章第1節六2では、対象家屋の構造等からみて木造・非木造家屋の評点基準表を適用して評価することが「困難なものがあるとき又は適当でないものがあるときは、当該家屋の構造、様式、施工量等の実態に応じ、（中略）木造家屋評点基準表又は非木造家屋評点基準表を作成してこれを適用するものとする」と記載されている。

つまり、評価基準において、対象家屋の実態に応じて、既存の評点基準表を補正して適用することは認められており、新たに評点基準表を作成することも認められているということである。この趣旨を考慮すると、評点数の転用も当然認められることになる。

なお、評点基準表の評点項目に記載のない資材等について、新たに評点数を作成する場合は、資材等の市場価格を参考に作成することになる。しかし、再建築費評点数の調査時点は基準年度の2年前の7月時点であるため、上記市場価格は同時点のものを調査する必要がある。さらに、カタログ価格ではなく、工務店がメーカーや問屋から購入する価格水準を調査する必要があることから、作業は繁雑で、同類の評点項目の評点数との均衡性を保つことは困難になりがちである。

したがって、なるべく評点基準表に記載されている既存の評点数に基づき、転用・補正を行って、対象家屋の評価を行うことが望ましい。

4　評点項目にない項目の評価

Q　この度、非木造家屋のホテルを評価することになり、評価対象の家屋を確認したところ、和室に床間がありましたが、非木造家屋の「病院、ホテル用建物」の再建築費評点基準表には「床間」の評点項目がありません。どのように評価すればよいでしょうか。

A　非木造家屋のホテルにおいても、最近では外国人旅行客向けに床間付きの和室を設ける場合もあるが、非木造家屋の「病院、ホテル用建物」の再建築費評点基準表には「床間」の評点項目がない。この場合は、木造における「床間」の評点数を転用することが適当である。

なお、軽量鉄骨造の戸建住宅の和室に床間があった場合も、同様の対応が適当である。

このように、対象家屋の構造・用途に該当する評点基準表に評点項目がなかったとしても、他の構造の再建築費評点基準表に存在する場合には、その評点数の内容（特に標準量や下地その他の評点数の内容）を確認したうえで、積極的に転用すべきである。

5　標準量の概要

標準量とは、どのような数値を意味しているのか分かりません。標準量について教えてください。

再建築費評点基準表は、次のとおり「部分別」「評点項目及び標準評点数」「標準量」「補正項目及び補正係数」及び「計算単位」で構成されている。

部分別	評価項目及び標準評点数	標準量	補正項目及び補正係数				計算単位
			補正項目	増点補正率	標　準	減点補正率	

このうち、標準量は「延べ床面積1.0平方メートル当たり○○平方メートル」というような標記になっている部分別が多い。

当該標準量を理解するにあたっては、まずは家屋を構成する部分別評点項目が、主に「水平方向の部分別評点項目」「垂直方向の部分別評点項目」「設置箇所数の部分別評点項目」に分けられることを理解しておくことが重要となる。このほかにも、「非木造家屋における主体構造部」の標準量及び「用途ごとの標準量」も重要であるため、留意が必要である。

1．水平方向の部分別評点項目

「屋根仕上」「基礎」「天井仕上」「床仕上」がこれに該当する。

○「屋根仕上（陸屋根）」・「天井仕上」・「床仕上」：水平投影された建床面積＝施工面積となるため、標準量は「1.0平方メートル」となる。

○「屋根仕上（勾配屋根）」：傾斜の角度があるため、水平投影された建床面積以上に施工されることとなる。例えば戸建形式住宅用建物では「1.4平方メートル」となる。

○基礎：基礎は全体的に水平方向の部分別となるが、木造家屋の「鉄筋コンクリート基礎」はスラブ部分と立ち上がり部分を組み合わせた標準評点数となっており、標準量は立ち上がり部分の延長の長さとなる。なお、建築後床下の点検などのために人通口が設けられているため、立ち上がり部分は外周壁と間仕切壁の直下に必ず設けられているわけではない。よって、基礎の標準量は、当該人通口を反映した立ち上がり部分の延長の長さとなる。

2．垂直方向の部分別評点項目

「外壁仕上」「内壁仕上」「建具」がこれに該当する。

○外壁仕上：外壁の見付面積÷延べ床面積により算出された値が標準量であり、延べ床面積110㎡の家屋（木造戸建住宅）であれば、外壁の見付面積は110㎡×標準量1.38㎡/㎡＝151.8㎡ということになる。

○内壁仕上：内壁の見付面積÷延べ床面積により算出された値が標準量であり、延べ床面積110㎡の家屋（木造戸建住宅）であれば、内壁の見付面積は110㎡×標準量2.81㎡/㎡＝309.1㎡ということになる。

○建具：建具の見付面積÷延べ床面積により算出された値が標準量であり、延べ床面積110㎡の家屋（木造戸建住宅）であれば、建具の見付面積は110㎡×標準量0.61㎡/㎡＝67.1㎡ということになる。なお、建具については、外壁仕上及び内壁仕上の施工量と密接に関連しており、建具の施工量が減ると壁の面積が増えることから、建具の標準量が減少すれば外壁仕上又は内壁仕上の標準量に影響を及ぼすこととなる。ただし、建具については、サッシ（窓ガラス）に重ねるようにルーバー（鎧戸）が設置されることもあるため、その場合はサッシの施工量とルーバーの施工量をそれぞれ考慮する必要がある。

3．設置箇所数の部分別評点項目

「建築設備」がこれに該当する。ただし、「電灯設備」のように床面積に比例して計算する評点項目は除かれる。

標準量としては１個となり、評価対象家屋に設置されている建築設備数を乗じて評価することとなる。

4．非木造家屋における主体構造部

「鉄骨鉄筋コンクリート造」「鉄筋コンクリート造」「鉄骨造」「軽量鉄骨造」がこれに該当する。

これらは、延べ床面積１㎡当たりに使用されている施工量により標準量が定められている。鉄骨及び鉄筋はトン数であり、コンクリートは㎥数となる。そして、例えば鉄筋コンクリート造であれば、鉄筋のトン数とコンクリートの㎥数の組合せで標準量が定められている。

さらに、再建築費評点基準表には示されていないが、「令和３基準年度評価替え質疑応答集 ―家屋編―」（評価センター）問46の答において、鉄骨造の錆止め塗装（１トン当たり）の施工数量（面積）は33㎡であること、また、耐火被覆については標準量17.5㎡／ｔとして加算していることが示されている。

5．用途ごとの標準量

標準量とは、当該用途の家屋に施工される標準的な量である。したがって、内壁仕上を例にすると、戸建住宅は比較的間仕切壁が多いため内壁仕上の施工量が多くなるが、同じ延べ床面積でも倉庫の場合には間仕切壁がほとんど存在しないため内壁仕上の施工量は少なくなる。

このように、用途によって標準的な施工量（標準量）は異なることから、用途ごとに標準量が定められており、結果的に用途ごとに再建築費評点基準表に記載されている標準評点数も異なる。また、同じ用途であっても比較的規模の小さい木造家屋と比較的規模の大きい非木造家屋では施工量が異なるため、構造によっても標準量が異なっている。

6　標準量と標準評点数の関係と留意点

標準量と標準評点数はどのような関係にあるのでしょうか。また、評価にあたり留意する点があれば教えてください。

A

1．積算基礎との関係

標準量点数は、「単位当たり標準評点数の積算基礎」に示されている「単位当たり標準評点数」に、各用途の標準量を乗じて求められている。

まず、「単位当たり標準評点数の積算基礎」に示されている「単位当たり標準評点数」とは、用途に関係なく必要となる「資材費評点数」「労務費評点数」「下地その他の評点数」によって求められた点数である。例えば、内壁仕上の「クロス貼」の点数は、クロスの資材費（材工共）と、下地の石膏ボードの点数を組み合わせてできており、用途に関係なく見付面積1㎡当たりの点数となっている。

そして、これを各用途に展開する際、それぞれの標準量が乗じられるため、各用途の内壁仕上「クロス貼」の標準評点数は異なっている。

2．異なる用途から転用する場合

各用途の標準評点数には、当該用途の標準量が大きく影響しているため、他の用途に転用する場合に当該標準評点数をそのまま使用してしまうと、異なる標準量の点数を使用してしまうこととなる。

したがって、他の用途の再建築費評点基準表にのみ示されている評点項目を採用する場合、標準量の相違に留意する必要がある。

このため、「単位当たり標準評点数の積算基礎」を基に、評価対象家屋の用途の標準量を乗じて評価することが望ましい。

3．非木造家屋の主体構造部

非木造家屋の主体構造部の施工量は、一棟全体に使用されている鉄骨、鉄筋、コンクリートの量を統計的に分析して算出されている。

したがって、例えばバルコニーのような登記の床面積に含まれない部分の施工量についても、分析対象となる一棟全体に使用されているコンクリート等の量に含まれているため、床面積に含まれない部分のコンクリート等の量も反映された標準量となっている。

つまり、いわゆる不明確計算を行う場合に、主体構造部の標準評点数に評価対象家屋の延床面積を乗じれば、バルコニー部分等登記の床面積に含まれない部分の施工量も反映した再建築費評点数を算出できる仕組みとなっている。このため、登記床面積に含まれない部分を考慮して増点補正をするような対応は不要である。

§2　各種仕上の評価

1　標準評点数を転用する場合の留意点

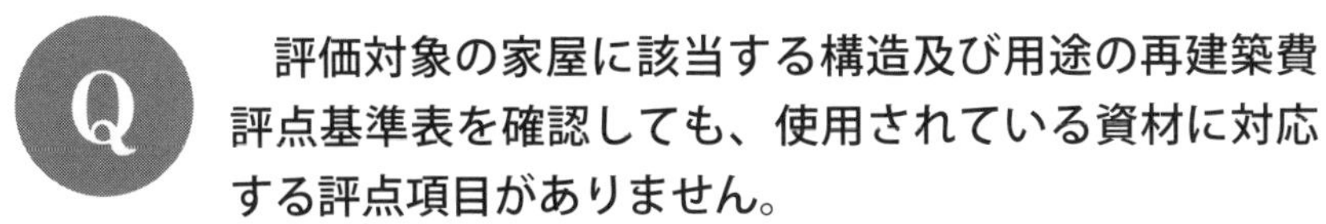

評価対象の家屋に該当する構造及び用途の再建築費評点基準表を確認しても、使用されている資材に対応する評点項目がありません。
他の構造や用途から転用することを検討しておりますが、どのような点に留意すればよいでしょうか。

A

1．標準評点数の転用

再建築費評点基準表に示されていない資材が使用されていた場合の対応として、基準解説11頁では次の記載がある。

> 市町村長は、新たな評点項目及び標準評点数の追加、当該再建築費評点基準表に示されている標準評点数の修正、他の再建築費評点基準表の評点項目及び標準評点数の転用等によって再建築費評点基準表に所要の補正を行い、これを適用することができるものとされている。

さらに、同頁では標準評点数は価格調査基準日の東京都における物価水準に基づくものであることと、著しく相違する場合等に補正できることが留意点として記されている。したがって、転用することにより対応できるのであれば、市町村が独自に標準評点数を追加するのではなく、転用するほうが納税者への説明が容易となるのではないかと考えられる。

2．各種仕上の転用の際の留意点

各種仕上を転用する場合に留意すべき点として、まずは各仕上の単位当たり標準評点数には、労務費評点数及び下地その他の評点数が含まれていることが挙げられる。つまり、例えば屋根仕上の点数を外壁仕上に用いるなど、他の部分別区分の点数を用いて評価する場合、下地その他の評点数が異なることに留意が必要である。

次に、他の用途別区分に示されている仕上の標準評点数を転用する場合、用途ごとに標準量が異なることに留意が必要である。再建築費評点基準表に示されている標準評点数は、「単位当たり標準評点数の積算基礎」に示されている単位当たり標準評点数に、それぞれの用途の部分別区分ごとの標準量を乗じて算出されている。

したがって、異なる用途から転用する場合、用途ごとに標準量が異なる場合が多いことに留意して、標準量が異なる場合には標準量を考慮した標準評点数を算出する必要がある。

さらに、昨今建築される家屋では木造家屋と非木造家屋の区分が曖昧になってきており、仕上においても非木造家屋の再建築費評点基準表にのみ示されている仕上材が木造家屋に施工される場合が考えられるが、異なる構造からの転用も許容される。この場合、標準量及び下地材ともに異なる場合が多いことに留意し、再建築費評点数を付設する必要がある。

2　非木造家屋特有の仕上を評価する場合の留意点

Q　非木造家屋特有の仕上を評価する際に留意する点があれば教えてください。

A　仕上材については、特に非木造家屋特有の留意点はないが、下地その他の評点数については、基準解説273～274頁で記されているとおり、下地となる軽量鉄骨等が主体構造部と二重に評点数を付設することがないように留意する必要がある。

> Ⅱ 主体構造部の再建築費評点数の算出
> ３．評点付設に当たって留意すべき事項
> （１）軸部構造
> 　エ　鉄骨・軽量鉄骨の使用量が明確な非木造家屋（軽量鉄骨造建物（住宅、アパート用建物）を除く。）において、参考とする見積書等に母屋部分、胴縁部分の鉄骨または軽量鉄骨の使用量が区分されずに計上されている場合、再建築費評点基準表においては、母屋部分は屋根仕上の標準評点数に、胴縁部分は外壁仕上及び内壁仕上の標準評点数にそれぞれ算入されているため、この場合には、屋根仕上、外壁仕上及び内壁仕上の評点付設において、軽量鉄骨母屋及び軽量鉄骨胴縁を下地としている評点項目の評点数から軽量鉄骨母屋及び軽量鉄骨胴縁分の評点数を差し引いたものにより、評点数を付設するものである。

そして、二重に評点数を付設しないよう、仕上の評点数から下地その他の評点数を控除する方法と、主体構造部から控除する方法が記されており、これらを参考にすることが望まれる。

3　その他の仕上を評価する場合の留意点

その他、仕上を評価する際に留意する点があれば教えてください。

1．加算評点項目があること

各種部分別区分のほか、それらへの加算評点項目が設けられている。

表面仕上については、塗装されている場合、塗装の程度に応じて上か並の点数を付設することとなる。

2．その他工事に含まれる仕上があること

木造家屋のその他工事には「階段」と「バルコニー」の評点項目が設けられており、それぞれ基準解説250～251頁には次の記述がある。

【階段】

> Ⅱ　その他工事の再建築費評点数の算出
> 2　階段
> （1）標準評点数
> 　階段の標準評点数には、階段を施工するためのユニット及びその労務費等が含まれている。
> 　なお、階段に施工されている仕上げ等については標準評点数には算入されていないため、別途各部分別において評点付設することとなる。

【バルコニー】

> Ⅱ　その他工事の再建築費評点数の算出
> ３．バルコニー
> （１）標準評点数
> バルコニーの標準評点数は、床部分はFRP防水仕上、裏面の天井部分は繊維強化セメント板・珪酸カルシウム板仕上、立ち上がり部分の外側がサイディング仕上、内側は塗装・吹付（外装仕上・並）を想定して計算している。

以上のとおり、階段の標準評点数には仕上が含まれていないが、バルコニーの標準評点数には仕上が含まれている。

３．仕上がない場合があること

特に簡易な家屋では必ず仕上がされるわけではなく、仕上が施工されていない場合（部分）もあるため、その際は評点数を付設する必要はない。

ただし、コンクリート打ち放し等の場合には留意が必要である。コンクリート打ち放しの場合、タイル等の仕上材は施工されていないが、意匠上コンクリートの見た目をよくする必要があるため、外壁仕上、内壁仕上及び天井仕上に労務費評点数と下地その他の評点数を加えた「コンクリート打放」の評点項目が設けられている。

また、床仕上においても労務費評点数がそのまま単位当たり標準評点数となる「コンクリート直仕上」の評点項目が設けられているため、再建築費評点数の付設漏れに留意が必要である。

§ 3　建築設備及び建具等の評価

1　衛生設備の評価

1　固定資産税評価における衛生設備

Q　固定資産税評価における衛生設備とは何を指すのでしょうか。

固定資産税評価以外の場面では、一般的に衛生設備というと、給水設備・排水設備・消火設備・給湯設備・し尿浄化設備・ガス設備を指すことが多いと思われる。

しかし、この中の消火設備は固定資産税評価上、防災設備に含まれる。また、し尿浄化設備は、昨今では家屋と構造上一体となっていないと考えられる[※3]ため、再建築費評点基準表に標準評点数は示されていない。

次に木造家屋と非木造家屋で、基準解説の記載内容に次の相違があるが、これは木造家屋では給水管及び排水管の部分は項目別評点方式又は総合評点方式で別途評価されるためである。したがって、両者に含まれる範囲はやや異なるものの、本質的に異なるものではない。

○木造家屋 … 衛生設備とは、便所、洗面所、浴室等の汚水や雑排水の排水を必要とする箇所に取り付けられる器具設備をいう[※4]

○非木造家屋 … 衛生設備とは、給排水設備、衛生器具設備、ガス設備等の設備の総称である[※5]

また、「家屋の建築設備の評価上の取扱いについて」（平成12年1月28日

※3　実務提要2161・124及び125頁
※4　基準解説221頁
※5　基準解説435頁

自治評第５号）において、「屋外に設置された電気の配線及びガス・水道の配管並びに家屋から独立して設置された焼却炉等は家屋と構造上一体となっているものではないので含めないものであること。」とされていることから、家屋の敷地内であっても、屋外に設置された上下水道の配管及び雨水、汚水桝は評価の対象に含めない。

2　排水設備における「トラップ」「通気管」の役割

排水設備において、「トラップ」「通気管」が示されておりますが、これらの役割について教えてください。

トラップや通気管の役割を理解するには、まずは空気の特性（正圧と負圧）を理解する必要がある。

1. 正圧と負圧

正圧とは、大気圧より空気の圧力が高くなることで、負圧とは、大気圧より空気の圧力が低くなることをいう。

例えば、牛乳パックにストローで空気を吹き込むと、牛乳パックはふくれあがる（正圧の状態）が、吹き込むのをやめると中の空気がストローから抜けて、ふくれあがっていない通常の状態に戻る。

反対に、牛乳パックの中の空気をストローで吸い込むと、牛乳パックはしぼむ（負圧の状態）が、吸い込むのをやめるとストローから中に空気が入り、しぼんでいない通常の状態に戻る。

このように、空気には正圧のところから負圧のところへ流れる性質があることを理解しておくことが重要となる。なお、この性質は空調設備を理解するにあたっても重要となる。

2. トラップ

トラップは、「公共下水又は浄化槽から有毒ガスや虫類が管内を通じて器具のある室内へ侵入するのを防止するため、排水管の一部に水を貯めて管内の空気の流通を防ぐものである」[※6]とされており、一般的なSトラップなど

※6　基準解説444頁

がある。

すなわち、トラップに水を溜めておくこと（トラップに溜められた水を、封水という）で、臭気や害虫などが排水管を通って室内に侵入してくることを防いでいる、非常に重要な仕掛けとなっている。

3. 通気管

通気管は、「通気管はトラップの水封（トラップ内に貯められた水で空気の流通を防ぐこと。）の保護、排水管内の水の流れを円滑にすること、管内を清潔に保つこと等を目的として、排水管内に新鮮な空気を送り込み管内の換気を行うものである」[※7]とされている。

通気管がなければ、排水管内が負圧となった場合、封水がすべて管内に流れてしまい、トラップが破られる（封水がなくなる）こととなるため、排水管内が負圧とならないように、排水管内に通気管を用いて外気を取り込む必要がある。なお、家屋の屋上にみられるベントキャップ[※8]は、通気管のためのものである。

※7　基準解説445頁

※8　外壁や屋根に設置する給気・排気の開口部に取り付ける蓋のことで、雨水や害虫などの侵入を防ぐ構造になっている。

3 キッチンを評価する際の留意点

キッチンを評価する際、どのような点に留意すればよいか教えてください。

キッチンを評価する際の留意点として、システムキッチン、ミニシステムキッチン、レンジフードファンの評価について説明する。

1. システムキッチンの評価

システムキッチンには、補正項目として「間口寸法」と「施工の程度」がある。システムキッチンには昨今では食器洗浄機が取り付けられているケースが多く、これを施工の程度で増点補正すべきか悩むと思われるが、これは増点補正すべきではない。

そもそも食器洗浄機については、「家屋の建築設備の評価上の取扱いについて」(昭和62年10月1日自治固第95号)において、「家屋に含めないもの」に含まれており、家屋評価の対象とすべきものではない。

当該通達においては、「特定の生産又は業務の用に供されるもの又は(中略)顧客の求めに応じて飲食物の調理をするための厨房設備又は衣類の洗濯をする洗濯設備等は、建築設備とはいわないものであること。」とされ、厨房設備のうち、「調理機器、食器洗浄機、製氷機、冷蔵庫、冷凍庫、温蔵庫」は「家屋に含めないもの」とされている(ここでいう「調理機器」とは、IHクッキングヒーターのことを指す)。

以上より、システムキッチンの評価にあたっては、特に食器洗浄機は家屋評価対象外となる旨留意が必要である。

2. ミニシステムキッチンの評価

ミニシステムキッチンとは、「主にワンルームマンション等で使用されている簡易なシステムキッチンである。」「ミニシステムキッチンの標準評点数は、シンク及びコンロ台が一体のもの、オープン棚等で積算されており、レンジフードファンや換気扇は含まれていない。」[※9]とされており、再建築費評点基準表には、間口寸法150cmのものまで増点補正率が示されている。

また、事務所ビル等であっても「ミニシステムキッチン」が設置されている場合があることに留意が必要である。

3. レンジフードファンの評価

レンジフードファンは、大きく以下の3つに分けられるが、それぞれ特徴を示すと、次のとおりである。

○浅型 … 油を内部にまき散らす作りなので、頻繁に清掃が必要となる。ただし、比較的安価で済ませられる。

○深型 … 浅型と異なり、シロッコ[※10]内で油を確保できるので飛び散らない。

○センターレンジフード … アイランドキッチン[※11]に使用されるレンジフードで、周囲に壁がないことから、室内の空気の対流等により、煙や臭いの捕集効率が落ちることもある。

以上の違いがあるが、「レンジフードファンの標準評点数は、60cm幅程度の手動、浅型のものを標準として積算されており、自動型のもの、深型のものなどについては、適宜増点補正を必要とするものである。」[※12]とされており、浅型のものが標準とされている。

これに関して、「深型のものについては適宜増点補正をするとされているが、これは深型のものの方が一般的に価格が高いことから補正の一例として

※9　基準解説232、233頁

※10　多翼送風機のことで、細い板状の羽根が多数取り付けられた筒状のファンのことである。

※11　内壁等から離れたスペースに「島」のようにシンクなどが設置されたキッチンをいう。

※12　基準解説234頁

示されたものである。

なお、浅型レンジフードファンについてもその取得価格を参考に、高価なものは必要に応じ増点補正することは差し支えない。」[※13]とされている。

すなわち、深型のものの増点補正の必要性は、あくまで「適宜」であり、「一例」であることから、深型だから必ず増点補正しなければならないものではなく、補正の要否に関しては、取得価格を参考とする必要があることに留意が必要である。

※13　実務提要2161・3頁

4　建築設備の総合評点方式の概要と留意点

建築設備の総合評点方式とは、どのような方式でしょうか。また、総合評点方式を適用する際の留意点を教えてください。

A

1. 総合評点方式の考え方

建築設備の総合評点方式については、「建築設備のうち電気設備、ガス設備、給水・給湯設備及び排水設備について、これらの設備を個々に評価することは事務上の負担が大きくなるので、評点付設の簡素化を目的として設けられているものである。」※14とされており、衛生設備を含め、これらの設備を総合的に評価する方法である。

なお、木造の戸建住宅用の総合評点のそれぞれの個数は図表３－１のとおりとされている。

具体的個数は、実務提要2147頁に図表３－１のとおり示されている。

図表３－１　総合評点の個数

項目		個数等			
★延べ床面積	規模	66㎡	100㎡	150㎡	200㎡
★電気設備	照明設備	14個	17個	22個	30個
	スイッチ	12個	14個	19個	22個
	コンセント	18個	27個	37個	44個
★ガス設備	使用口（配管共）	1個	2個	2個	2個
★給水・給湯設備	使用口（総口数）	5口	6口	7口	7口
	給水専用使用口	2口	3口	3口	3口
	給水給湯併用使用口	3口	3口	4口	4口
★排水設備	屋内配管	5個	6個	7個	7個

※14　基準解説240頁

2. 大規模な家屋への総合評点方式の適用

評価対象家屋の規模が、再建築費評点基準表に示されている規模以外の場合の総合評点方式は、「最も近い規模別の標準評点数を適用することとし、延べ床面積の差と標準評点数の差に着目して比例計算で補正率を求めることとなる。」※15

そうすると、規模が大きくなった場合に単純に比例計算を続けていくと、単価が0に近づくこととなるが、その評価方法は適当ではない。

たしかに、規模が大きくなったとしても、それに比例して浴室の数が増えることは一般的ではないが、照明やコンセントの数は比例的に増加することが一般的であることなどから、単価の下限を設定するなど、評価上の工夫を設けるべきである。

3. 二世帯住宅の評価

二世帯住宅の建築設備を評価する際、総合評点方式の適用にあたっては留意が必要である。

例えば、親世帯100㎡、子世帯100㎡、合計200㎡の木造専用住宅用建物を評価する場合、

①合計床面積が200㎡であることから、全体の面積を基に「200㎡の総合評点数×200㎡」で評価

②それぞれの世帯ごとの面積が100㎡であることから、それぞれの面積を基に「100㎡の総合評点数×100㎡＋100㎡の総合評点数×100㎡」で評価

の２つの方法が考えられるが、①は適当ではないと考える。

なぜなら、それぞれの世帯ごとに浴室やキッチン、洗面所等を有していることから、①の方法ではそれぞれの世帯の個数等が適切に反映されていない。したがって、それぞれの世帯ごとに評価して合計する②の方法が適当である。

※15　実務提要2145頁

2　空調設備の評価

1　固定資産税評価における空調設備

固定資産税評価における空調設備とは何を指すのでしょうか。

空調設備とは、空気調和設備の略称で、空気調和の四要素である「温度」「湿度」「清浄度」「気流分布」を制御するために必要となる設備である。

これは、大きく分けると、

◯人が感じる不快感 … 暑さ、寒さ、臭い等

◯人体や工業製品等への影響 … 塵埃（じんあい）、有毒ガス、乾燥による細菌及び多湿によるダニの発生等

◯家屋の被害 … 結露の発生による腐食等

といった影響を防ぐために非常に重要な設備である。

「空気調和とは英語のair conditioningを和訳したものであり、建物内の冷房、暖房のほか、換気、空気浄化の機能も併せ持つ設備のことである。

したがって空調設備は、室内を所定の温度に冷やしたり暖めたりする冷・暖房設備とその定義を異にするものである。」※16

とされており、冷・暖房機能のみを有した設備を指しているのではなく、換気設備や排煙設備も含まれている。

ただし、「家屋の建築設備の評価上の取扱いについて」（昭和62年10月1日自治固第95号）によると、「冷暖房設備のルームクーラーのように、単に

※16　基準解説458頁

移動を防止する目的のみで取り付けられているものは、家屋と構造上一体となつているものとは認め難いので除かれるものであること。」とされていることから、家電量販店で販売されているような家庭用ルームエアコン（その室外機を含む）は、原則として固定資産税評価上は家屋の評価には含めないものである。

2 冷凍機の仕組み

Q 家屋の内部をどのように空気が流れているのか分かりません。また、その流れの過程において、冷凍機ではどのようにして空気を冷やしているのでしょうか。これらについて教えてください。

A

1. 空気の流れ

機械室に設置された空調機（エアハンドリングユニット）から主ダクト[※17]を通り、各室へ分岐して冷風又は温風を供給することとなるが、次のような流れとなる。

【①空調機へ空気が入る（戻ってくる）段階】

外気に加え、室内から還気[※18]された空気を混合し、エアフィルタで浄化する。

【②温度及び湿度を調整する段階】

通常、夏季は冷却コイルで冷却と除湿、冬季は加熱コイルで加熱と加湿を行う。

【③送風される段階】

送風機からダクト、吹出口を通り、各室へ送られる。

【④空調機へ戻ってくる段階】

吸込口からダクトを通り、空調機へ還気され、①へ戻る。

①に関連して、換気設備について「「空調設備（中央熱源方式、個別空調

※17　ダクトとは、風（空気）の通り道で、給気ダクト、還気ダクト、外気取入ダクト、排煙用のダクトなどがある。一方、配管とは冷媒管、ガス管、給水管など、ガスや液体が通る管であり、用語の使い分けに留意が必要である。

※18　すべての外気を取り込んだ場合、熱損失が大きくなり、空調機へ過大な負荷が掛かることから、必要最低限の外気と還気（返り空気）を混合させることとなる。

方式)」や「中央熱源温風暖房設備」等の場合は、吹出口から吹出す空気の30%程度は常時新鮮な外気を取り入れてフィルターで洗浄したものと取り替えているため、これらに加えて換気設備の評価を行うと二重評価となる。

したがって、空調設備や冷・暖房設備がなくて、換気設備がある場合にのみ評点付設すべき評点項目であることに留意する必要がある。」※19とされているとおり、空調機には換気機能が備わっていることに留意が必要である。

2. 冷凍機の原理

冷凍機の原理を理解するには、空気の特性を理解しておく必要がある。空気の主な特性をまとめると、図表3－2のとおりである。

図表3－2　空気の主な特性

温度	暖かいほうが軽い（密度が低い）	冷たいほうが重い（密度が高い）
湿度※20	高温のほうが多量の水蒸気を空気中に含むことができる	低温では少量の水蒸気しか空気中に含むことができない
気圧	正圧（室外に対してプラスの圧力）側から負圧（室外に対してマイナスの圧力）側へ空気が流れる	
	圧力を高くすると、凝縮しやすくなり、凝縮すると周囲に熱を放出して液体と化す	圧力を低くすると蒸発しやすくなり、蒸発すると周囲の熱を奪って気体と化す

特に冷凍機を理解するには、圧力との関係を理解しておく必要がある。

例えば、圧力釜は圧力が高いため100度以上でも液体が沸騰せず、100度以上の液体で煮込むことができる。反対に気圧が低い山の山頂などでは、100度に満たない温度で水が沸騰する。

※19　基準解説479頁

※20　室内において低温となる部分や外気の影響を受ける窓ガラスなどでは、結露の発生に留意が必要であり、腐食の原因となる。また、大人数を収容する施設では、人の呼気が原因となることもあり、この場合暖かい空気は軽いことから、天井部分が腐食することもある。

冷凍機は、この空気の特性を利用しているが、以下①から④のとおり、熱を運ぶ媒体（冷媒）を「気化→液化→気化→…」と繰り返す際、①の気化熱の作用を利用して空気を冷やしている。

①蒸発器…冷媒を蒸発させることで周囲から熱を奪う（冷媒は低圧低温ガスへ化す）。

②圧縮機…冷媒を圧縮させることにより、分子がぶつかり温度が高まることで液化させやすくする（冷媒は高圧高温ガスへ化す）。

③凝縮器…冷媒を凝縮させることにより、周囲に熱を放出して液化させる（冷媒は高圧液体へ化す）。

④膨張弁…冷媒を膨張（減圧）させることにより蒸発させやすくする（冷媒は低圧液体へ化す）。

この①から④の繰り返しを「冷凍サイクル」（図表３－３参照）という。

なお、③で生じた熱は冷却水に与えられることとなり、この冷却水の熱が屋上などにみられる冷却塔から放出されることとなる。

図表３－３　冷凍サイクルのイメージ

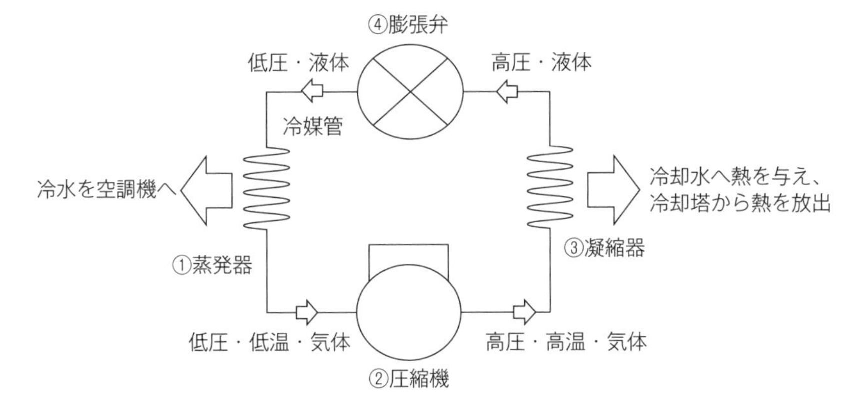

3　中央熱源方式と個別空調方式の概要

評価基準では中央熱源方式と個別空調方式が示されておりますが、それぞれどのような方式なのでしょうか。教えてください。

また、木造家屋の空調設備（ビルトイン方式）と非木造家屋の個別空調方式は標準評点数が異なっておりますが、何の相違によるものなのでしょうか。

A

1．中央熱源方式と個別空調方式の相違

基準解説に記載されている主な内容等を整理すると、図表３－４のとおりである。

図表３－４　中央熱源方式と個別空調方式の違い

	中央熱源方式	個別空調方式
方式	大容量の熱源機を設置する機械室から、空気等を熱媒として各空調機器類に熱を排送する方式である。	圧縮機などをケーシング内にまとめて納めた空調機を建物内に分散して配置する方式、あるいは室外に圧縮機とコイル（室外機）を、室内にコイル、エアフィルタなど（室内機）を分散して設置し、室外機と室内機を冷媒管で結んで空調する方式をいう。
長所	騒音が伝わりにくい。	温度制御などを個別に行うことができ、大きな機械室も不要となる。また、比較的安価で用途変更にも対応しやすい。
短所	ダクトが大きく建物内に収まりにくく、また送風機動力も大きくなる。	保守管理に手間がかかる。

すなわち、個別空調方式は、家庭用ルームエアコンのようにパッケージ化されているイメージであり、近年では機器の性能も向上していることから、各階ごとの個別空調方式が多くみられるようになってきている。

また、「ビルマル」との略称を耳にする機会もあるかと思われるが、これはビル用マルチエアコン方式と呼ばれる個別空調方式の一種で、１台の室外

機に概ね10台程度までの室内機を冷媒管で接続する方法である。

2. 木造家屋の空調設備（ビルトイン方式）と非木造家屋の個別空調方式の相違

再建築費評点基準表を確認すると、両者は図表３－５の区分となっている。

図表３－５　木造家屋と非木造家屋の区分

	木造家屋	非木造家屋
評点項目	冷暖房設備	空調設備
	空調設備（ビルトイン方式）	個別空調方式

木造家屋は「冷暖房設備」の中に「空調設備（ビルトイン方式）」が含まれており、非木造家屋は「空調設備」の中に「個別空調方式」が含まれている。

そもそも空調設備は先述したとおり、冷暖房設備のみではなく、換気設備を含むものであり、「個別空調方式の標準評点数は、マルチユニット機器またはパッケージ機器、換気用機器（送風機、吹出口、吸込口、ダンパー等）、バルブ、自動制御機器等の資材費及び労務費からなる対象床面積1.0㎡当たりのものである」※21とされているとおり、非木造家屋の個別空調方式には換気用機器が含まれている。

したがって、これらを整理すると、

○木造家屋の空調設備（ビルトイン方式）：冷暖房設備

○非木造家屋の個別空調方式　　　　　　：冷暖房設備＋換気設備

という相違であり、後者には換気設備が含まれる分、標準評点数が高くなっている。

※21　基準解説468頁

4 評価基準における第１種換気～第３種換気の概要

換気の方式として、評価基準では第１種換気～第３種換気まで示されておりますが、それぞれどのような方法なのか教えてください。

第１種換気～第３種換気までを理解するには、まず空気の特性である正圧と負圧の関係を理解しておく必要がある。

1. 正圧と負圧の関係

「衛生設備の評価」の項（74頁）で記載のとおり、正圧とは大気圧より空気の圧力が高くなることで、負圧とは、大気圧より空気の圧力が低くなることをいい、空気には正圧のところから負圧のところへ流れる性質がある。

2. 自然換気方式と機械換気方式

自然換気方式とは、自然の風圧や温度差を利用した換気方法で、エネルギーを使用しないため省エネではあるが、換気量が不安定となる。

機械換気方式とは、給気、排気のいずれか、又は両方を機械で行う方式で、次の第１種～第３種まである。

3. 第１種換気～第３種換気

第１種換気とは、給気も排気もいずれもファン（機械）で行う方法で、事務所や店舗など、広く用いられる方法である。

第２種換気とは、給気をファン（機械）で行うが、排気は排気口（自然）から行う方法である。これはすなわち、機械で給気することにより家屋内部が正圧の状態となることで、正圧の部分（家屋内部）から負圧の部分（排気口）へ空気が流れる空気の特性を活かした方法で、主に手術室などクリーンルームに用いられる方法である。

第３種換気とは、給気を給気口（自然）から行うが、排気はファン（機械）で行う方法である。これはすなわち、機械で排気することにより家屋内部が負圧の状態となることで、正圧の部分（給気口）から負圧の部分（家屋内部）へ空気が流れる空気の特性を活かした方法で、主に一般住宅等に用いられる方法である。

なお、平成15年７月１日以降、シックハウス症候群を防ぐため、原則すべての建物に、換気回数0.5回／h以上の機械換気設備（24時間換気システムなど）の設置が義務づけられた。

木造の戸建住宅の居室の出入口の扉には１cm程度のアンダーカットや換気ガラリが設けられている。これは、当該換気のために空気の流れを維持することを目的として設けられたものである。

4. 給気箇所と排気箇所の配置

換気にあたっては、室内の空気をくまなく換気する必要があるが、給気箇所の至近に排気箇所が設置されてしまうと、室内の空気が循環せず、換気されない部分が生じてしまうこととなる。このように、狭い範囲で空気が循環してしまうことをショートサーキットという。

このことから、通常給気箇所と排気箇所は室内の空気の流れが均一になるように分散して配置される。具体的には、住宅の場合には給気口は排気ファンを設けていない各居室に設置され、また、室内の空気がよどまないように、なるべく出入口の対角面の上部（空気が室外に出て行く際は出入り口のアンダーカットを通るため）に設置されるなどの工夫が設けられている。

また、キッチンは特に臭いの生じる場所であることから、通常、局所換気[※22]を施すなどの工夫がみられる。

※22　キッチン、トイレ、浴室などから生じる臭いやガスなどを、建物全体に拡散しないように、レンジフードファンなどで捕集して排出する換気方法のことをいう。

5. 一般的な戸建住宅とマンションの評価

一般的な戸建住宅では天井裏が狭いため、ダクトを通すことは難しい。したがって、各居室やトイレに設置された換気扇・換気口を考慮して評価することとなるため、「換気設備（住宅用）」の標準である「換気扇・換気口のみのもの」で評価することが一般的である。この際、レンジフードファンは衛生設備で評価することとなる。

一方、一般的なマンションの場合で角住戸を除けば、外気に接しているのはバルコニーと廊下（ホテルのような内廊下のマンションであればバルコニーのみとなる）のみであり、住戸内から外気までの距離が遠くなる部分が生じるため、トイレや浴室など臭気を発生する部分からダクトを用いて排気することとなる。したがって、通常給気口から外気を取り入れて、ダクトを介して排気するため「換気設備（住宅用）」の標準である「給気・排気のいずれかにダクト使用のもの」で評価することとなる。さらに近年のマンションであれば浴室換気乾燥機が備わっていることが一般的であることから、当該浴室換気乾燥機の評点数が漏れないように留意が必要である。

3 電気設備の評価

1 固定資産税評価における電気設備

固定資産税評価における電気設備とは、どの範囲のものを指すのでしょうか。

A　評価基準における建築設備は、「家屋に取り付けられ、家屋と構造上一体となつて、家屋の効用を高めるもの」（評価基準第2章第1節七）である必要がある。このうち、電気設備に関しては次のとおり整理される。

1. 屋外に設置された電気の配線

基準解説15頁では、屋外に設置された電気の配線等は、家屋と構造上一体となっているものではないので、家屋に含めて評価する建築設備にあたらないこととされており、具体的には第1支持点※23を境界とする。

これは、電力会社と電気の使用者（需要家）との間の財産の責任分界点ともなる。

2. 消耗品

消耗品に属する電球、蛍光管等については家屋に含めないものである※24。これは、消耗品は容易に着脱可能であることから、家屋と構造上一体となっていないと考えられるためである。

※23　「電柱からの引込線が、最初に家屋に取付けられるところ」（基準解説209頁）
※24　基準解説16頁

3. 他の評点項目で評価されるもの

固定資産税評価以外の場面においては、一般的に避雷設備や火災報知設備も電気設備に含めることが多いと思われるが、固定資産税評価では、これらは防災設備に含めて評価される。

4. 償却資産に該当するもの

特定の生産又は業務上の利便性を高めるための設備は償却資産に分類され、基準解説17頁では次のようなものが挙げられている。

○病院における自家発電設備 … 近年においては太陽光発電施設（建材型ソーラーパネルを除く）やエネファーム※25などもこれに含まれると考えられる。

○工場における機械等のための受変電設備 … キュービクルといい、工場などの高圧受電の場合、200Vか100Vに電圧を変えて各設備に電気を供給する必要があることから、自家用変電設備が必要となる。

5. 登記床面積に含まれない部分に設置された設備

家屋と構造上一体となっていれば評価に含めることとなるため、たとえ登記床面積に含まれない外廊下などに設置されたとしても、評価に含めることとなる。

※25　家庭用燃料電池コージェネレーションシステムの愛称で、水素と酸素が結合する際に電気と熱が発生する原理を利用した燃料電池

2　発電所から家屋まで電気が届けられる流れ

発電所から家屋まで電気が届けられる基本的な流れを教えてください。

電気は送電の途中で、電線を通ることによる抵抗等でエネルギー損失が生じる。このため、安定した品質の電気が家屋に届けられるには、高い電圧で送電する必要がある。

なお、発電所から配電用変電所までの電線を「送電線」、配電用変電所から家屋までの電線を「配電線」という。

1. 発電所から柱上変圧器まで

発電所から柱上変圧器までは、図表３－６のようになっている。

図表３－６　発電所から柱上変圧器までのイメージ

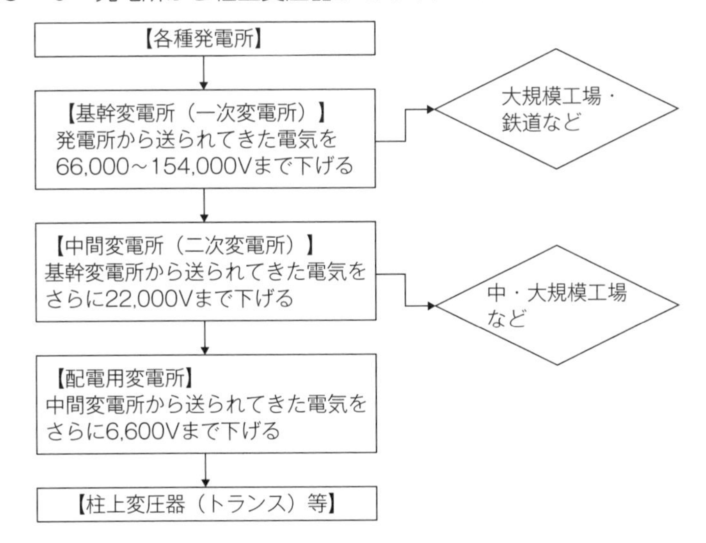

2. 柱上変圧器等から家屋（分電盤）まで

ア．戸建住宅の場合（低圧受電）

柱上変圧器[※26]で100V又は200Vに電圧を下げ、架空（かくう）引込線[※27]から第1支持点まで引き込まれ、分電盤へ送られる。

なお、架空引込線は「電気設備の技術基準の解釈（経済産業省）」によると、通常の場合車道は路面上5m、歩道は路面上4mの高さが必要である。

イ．事務所や大型ショッピングセンターなどの場合（高圧受電）

高圧受電の場合、高圧キャビネット[※28]が必要となる。そこからキュービクルで電圧を下げ、分電盤へ電気が送られる。

なお、高圧キャビネットが第1支持点となることから、高圧キャビネットは家屋評価対象に含めず、償却資産に含まれると考えられる。

また、先述のとおりキュービクルも償却資産である。

3. 分電盤

「分電盤は、電気を回路別に分岐するもので、引込口に近く、1.8～2.2mの高さに取付けこれにカバーが掛けられている。分電盤には電流制限器、配線用遮断機等が納められている。」[※29]とされている。

一般的に「ブレーカー」と呼称しているが、正確には分電盤に納められた配線用遮断機が「ブレーカー」である。

なお、分電盤は家屋対象だが、配電盤[※30]は償却資産対象となる点に留意が必要である。

※26　電柱にみられる丸い筒状の変圧器をいう。
※27　柱上変圧器から家屋への引込線をいう。
※28　電力会社の配線と需要家の配線を接続する為の箱で「ピラーボックス」とも呼ばれる。
※29　基準解説209頁
※30　電気機器に電力を供給するためのスイッチ、遮断器、計器等をまとめて取り付けた盤のことをいう。

3　木造家屋と非木造家屋における電気設備の評点項目の相違と留意点

Q　再建築費評点基準表において、木造家屋では電気設備は「スイッチ配線」「コンセント配線」「照明設備」である一方、非木造家屋では「電灯設備」となっております。木造家屋と非木造家屋の評点項目の相違について教えてください。

また、設備数を数える際に何か留意すべき点があれば教えてください。

A

1．木造家屋と非木造家屋の相違点

木造家屋と非木造家屋で、スイッチ、コンセント、引掛シーリング、照明器具の各器具が、どの評点項目で評価されているのか把握しておく必要がある。

基準解説における木造家屋と非木造家屋の記載内容の相違から、それぞれ評価に含まれる設備を示すと図表３－７のとおりである。

図表３－７　木造家屋と非木造家屋の評価に含まれる設備

<table>
<tr><th>対象設備</th><th>木造家屋
基準解説における記載</th><th>非木造家屋
基準解説における記載</th></tr>
<tr><td>【スイッチ配線】
（これらの配線を含む）</td><td rowspan="2">【スイッチ配線、コンセント配線】
基準解説211頁
「スイッチ、コンセントの各一配線についての、配線、器具等の資材費及び労務費を含んだもの」</td><td rowspan="3">【電灯設備】
基準解説419頁
「電灯分電盤、配管、配線、ケーブルラック、スイッチ、コンセント類及び照明器具等の資材費及び労務費」</td></tr>
<tr><td>【コンセント配線】
（これらの配線を含む）</td></tr>
<tr><td>照明器具・引掛シーリング
（これらの配線を含む）</td><td>【照明設備】
基準解説212頁
「天井や壁面に照明器具を直接取り付けたもの、ダウンライトと呼ばれる天井に埋め込んだ照明器具や引掛シーリングそのものが評価対象となる」

基準解説213頁
「ランプの種類や器具形状、その取付方法のいかんにかかわらず、同じ評点数であり、照明器具、配線や配管等の資材費及び労務費が含まれている。」</td></tr>
</table>

2. 建築設備数を数える際の留意点

まず、実務提要2159頁では図表３－８のように配線を行った場合の個数は、１個ではなく５個として計算することとされており、計算単位は建築設備数であることが示されている点に留意が必要である。

図表３－８　配線のイメージ

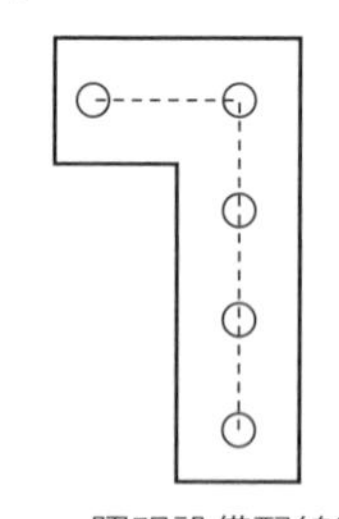

--- 照明設備配線図
○ 白熱球（直付）箇所

次に、前述のとおり、登記床面積に含まれない部分の建築設備に留意する必要がある。

先述のとおり、建築設備は「家屋に取り付けられ、家屋と構造上一体となつて、家屋の効用を高めるもの」（評価基準第２章第１節七）は家屋評価対象に含めるものであることから、たとえ登記床面積に含まれない部分であったとしても、家屋と構造上一体となっている設備は、個数に含めて評価することとなる。

すなわち、木造家屋の評価では計算単位の建築設備数を数える際に登記床面積に含まれない部分の個数に漏れがないように留意する必要がある。

例えば、延べ床面積に含まれない外廊下などに照明設備が取り付けられていたとしても、当該部分の照明設備も含めて評価することとなる。

4 防災設備の評価

1 固定資産税評価における防災設備

評価基準における防災設備とは何を指すのでしょうか。

A 消防法施行令第７条で図表３－９のとおり「消防用設備等」が定められている。このうち、評価基準の防災設備に含まれるものを列挙すると、火災報知設備、避雷設備（避雷突針設備・避雷導体設備）、消火栓設備、ドレンチャー設備、不活性ガス消火設備、泡消火設備、スプリンクラー設備及び水道直結型スプリンクラー設備である。

消防法施行令第７条を整理すると図表３－９のとおりである。

図表３－９　消防法施行令第７条の整理

消防用設備等	消防の用に供する設備	消火設備（第2項）	消火器及び簡易消火用具（水バケツ、水槽、乾燥砂、膨張ひる石又は膨張真珠岩）、屋内消火栓設備、スプリンクラー設備、水噴霧消火設備、泡消火設備、不活性ガス消火設備、ハロゲン化物消火設備、粉末消火設備、屋外消火栓設備、動力消防ポンプ設備
		警報設備（第3項）	自動火災報知設備、ガス漏れ火災警報設備、漏電火災警報器、消防機関へ通報する火災報知設備、警鐘、携帯用拡声器、手動式サイレンその他の非常警報器具、非常ベル、自動式サイレン、放送設備
		避難設備（第4項）	すべり台、避難はしご、救助袋、緩降機、避難橋その他の避難器具、誘導灯、誘導標識
	消防用水（第5項）	防火水槽又はこれに代わる貯水池その他の用水	
	消火活動上必要な施設（第6項）※31	排煙設備、連結散水設備、連結送水管、非常コンセント設備及び無線通信補助設備	

※31　固定資産税評価においては、排煙設備は空調設備に含まれ、非常コンセント設備は電気設備に含まれる。

2　各防災設備の消火方法

Q　防災設備は、避雷設備を含め、すべて最終的には火災（延焼を含む）を防ぐことを目的としていると考えられますが、消火のための設備として、水を用いる設備、不活性ガスを用いる設備及び泡を用いる設備に分類されています。

それぞれ、どのような消火方法の設備なのか教えてください。

A

1. 燃焼の要素と消火の方法

燃焼の要素は、「可燃物」「熱」「酸素」「燃焼の継続」の４つであり、消火の方法は、次のとおりこれらの４つに対応する方法に分けられる。

①除去法 … 可燃物を取り除くことによって消火する方法

②冷却法 … 燃焼している物質に水などを加え消火する方法

③窒息法 … 燃焼している場所への酸素の供給を遮断して消火する方法

④抑制法 … 物質が燃焼すると連鎖的に化学反応が起こり燃え広がっていくが、その連鎖反応を断ち切り消火する方法

2. 水を用いる設備

水を用いる設備は、消火栓設備、スプリンクラー設備及びドレンチャー設備が挙げられ、これらは冷却法による消火方法を用いるものである。

ただし、ドレンチャー設備が設置されている家屋は比較的稀であると考えられることから、ここでは消火栓設備とスプリンクラー設備を取り上げることとする。

ア. 消火栓設備とスプリンクラー設備の相違

スプリンクラー設備は、人の目に触れるのは天井のスプリンクラーヘッドだけであるが、目に触れないところで大がかりな構造となっており、その仕組みは消火栓設備（屋内消火栓設備）とほぼ同様である。

イ．屋外消火栓設備と屋内消火栓設備

消火栓設備には、道路脇などに設置される屋外消火栓設備と、家屋内部に設置される屋内消火栓設備の２種類の消火栓設備がある。

屋外消火栓設備について、「屋外消火栓設備は、建物の１階及び２階部分の火災の消火を目的としたもので、屋内消火栓により消火すべき段階を過ぎてしまった中期火災及び隣接建物への延焼防止の段階において使用される。」[※32]とされているとおり、実際に屋外消火栓設備を使用するケースの大半は、消防隊員が消火活動を行う際であると考えられる。

一方、屋内消火栓設備は「屋内消火栓は、初期消火を目的として屋内に設備するもので、一般には水源、ポンプ、起動装置、配管、ホース、消火ノズル等の一連の消火用具を収めた箱からなっている。」[※33]とされているとおり、初期消火のために消防隊員が到着するまでの間に、消防隊員以外の一般人が屋内消火栓設備を使用する場面も考えられる。

ウ．１号消火栓と２号消火栓

屋内消火栓設備には、大きく１号消火栓（消防法施行令第11条第３項第１号）と２号消火栓（消防法施行令第11条第３項第２号）の２つに分けられ、１号消火栓は比較的規模の大きな家屋に用いられる。また、水平距離や放水圧力、放水量、ポンプなどにも相違がある。

3. 不活性ガスを用いる設備

ガスを用いる設備としては、不活性ガス消火設備があり、窒素ガスの放出により、酸素濃度を下げることにより消火を行う方法（窒息法）による設備である。

なお、酸素は空気中に約21％含まれており、これを15％以下まで下げれば燃え続けることはできない。一方、窒素は空気中の約78％を占めてお

※32　基準解説503頁
※33　基準解説502頁

り、無毒無臭で、人体に影響はない。

これらの点から、不活性ガスによる消火は、消火に水が使用できない受変電室などに用いられる。

4. 泡を用いる設備

泡を用いる設備としては、泡消火設備があり、「水による消火方法では効果が少ないか、又は、かえって火災を拡大するおそれのある可燃性、引火性液体より発生する火災の消火を目的とし、炭酸ガス又は空気を核とする油より軽い微細な気泡の集合物の被覆による窒息効果と、気泡の冷却効果とによって消火目的を達するものである。」※34とされているとおり、冷却法と窒息法により消火する設備であり、駐車場などに有効である。

当該泡消火設備は、原液タンクを有する点が特徴であり、「泡消火設備の標準評点数は、原液タンク、ポンプ、ポンプ架台、配管、バルブ、ヘッド等の資材費及び労務費から」※35なるとされているとおり、原液タンクは家屋評価の対象に含まれる。

※34　基準解説512頁
※35　基準解説516頁

3　固定資産税評価における火災報知設備

固定資産税評価における火災報知設備とは、何を指しているのか教えてください。

A　一定規模・用途の建物においては、消防法により自動火災報知設備の設置が義務づけられている。

ただし、平成18年６月以降設置が義務づけられた住宅用火災警報器は、容易に着脱可能であり、原則家屋評価対象ではないことから、住宅用火災警報器は固定資産税評価における火災報知設備には含まれない。

火災報知設備は、評価基準では感知方式により補正率が異なるが、感知器の種類等を整理すると図表３－10のとおりであり、評価基準では煙感知器のあるものが標準とされている。

図表３－10　感知器の種類と作動原理

	感知器の種類	作動原理
熱	差動式熱感知器	周囲の温度が一定の温度上昇率に達したときに作動する
	定温式熱感知器	周囲の温度が一定の温度に達したときに作動する
	補償式熱感知器	周囲の温度の変化によって感度が変化するもので、差動式及び定温式の性能を有する
煙	イオン化式煙感知器	検知部に煙が入ることにより、イオン電流が変化することを利用して作動する
	光電式煙感知器	検知部に煙が入ることにより光電素子の入射光量が変化することを利用して作動する

4 評価基準上防災設備に含まれない設備の評価の留意点

Q 評価基準上防災設備には含まれておりませんが、防災を目的とした設備として、一般機械排煙及び非常用エレベーター等の附室排煙が挙げられます（評価基準上、これらは空調設備に含まれる）。

これらを評価するにあたり、留意すべき点があれば教えてください。

A

1．一般機械排煙

一般機械排煙は、火災時に煙や熱を屋外に排出し、屋外への避難経路を確保するための設備である。ただし、消防法では消火活動上支障となる煙を排出することが目的であり、避難経路確保を目的とする建築基準法と、やや目的が異なる。

近年の事務所ビルでは、開閉することができない固定した窓が多くなっており、煙が屋内に充満してしまうことから、当該一般機械排煙が必要となる。

排煙の方法は、自然排煙方式と機械排煙方式に分けられるが、「窓などの開口部を利用する自然排煙と排煙機を設置する機械排煙方式があり、後者は建築設備に含まれる。」※36 とのことであるので、自然排煙方式は家屋評価の対象には含まれない。

また、一般機械排煙の標準評点数は、排煙機、排煙口、吸気口、ダクト、ダンパー等の資材費及び労務費からなる排煙口一口当たりのものであるが、これは次のとおりである。

「これまでの設備の設置状況にかかる実績データを解析すると、標準評点数を構成する資材のうち、排煙機等を除く大部分（約90％）は排煙口数に

※36　実務提要2161・129頁

比例して増減することが判明した。これは、排煙口、排煙口チャンバー、ダンパー等はもちろん、ダクト工事についても排煙口に連動する横引きダクトの占める割合が多いためと考えられる。

したがって、排煙設備の評点付設に当たり、比較的容易に把握することのできる排煙口数を計算単位としたものである。」※37

2. 非常用エレベーター等の附室排煙

排煙の機能としては一般機械排煙と同様であるが、附室へ給気する必要があることから、給気口及びこれにつながる給気風道内のダクトが必要となり、その分一般機械排煙よりも標準評点数が高くなっている。

また、非常用エレベーターそのものについては運搬設備に含まれるが、一般のエレベーターに比べて工事費が増大することにより加算評点数が設けられているが、「「非常用エレベーター仕様のもの」については、評価基準上乗用エレベーターにしか示されていないが、人荷用で非常用エレベーター仕様のものがあった場合は、同様に加算する必要がある」※38ことに留意が必要である。

※37　実務提要2161・161頁
※38　基準解説536頁

5　運搬設備の評価

1　固定資産税評価における運搬設備

固定資産税評価における運搬設備とは何を指すのでしょうか。

再建築費評点基準表を確認すると、運搬設備に含まれるのは大きく分けると気送管設備、エレベーター(小荷物専用昇降機を含む）及びエスカレーターの３つである。

ただし、気送管設備（エアシューターともいう）が設置されている新築家屋は極めて稀であると考えられる。なお、運搬設備が設置されているのは非木造家屋が多いが、木造家屋においても戸建形式住宅用建物に「ホームエレベーター」の評点項目が設けられている。

建築設備に含まれるか否かについて、基準解説17頁では「機械式の立体駐車場に設置される駐車設備（メリーゴーランド方式のものなど)」「工場における流れ作業等に用いられるベルトコンベアー」も、物を運ぶ設備だが償却資産として扱うことになっているので留意が必要である。

2　運搬設備の評価の留意点

評価基準上運搬設備に含まれるエレベーター及びエスカレーターを評価するにあたり、どのような点に留意すればよいか教えてください。

1. エレベーターの評価

まず、基準解説529～530頁を参照するとエレベーターは、その用途、速度、制御方法等により、図表3－11のように区分される。

図表3－11　エレベーターの区分

用途	速度（明確な定義づけはされていない）	速度制御方式
1. 乗用 2. 荷物用 ・小荷物専用昇降機 3. 人荷用 4. 特殊なもの ・寝台用 ・自動車用	1. 低速度　45m/min以下 2. 中速度　60～105m/min 3. 高速度　120m/min以上	1. 交流一段速度制御方式 低速度で、大型の荷物用 2. 交流二段速度制御方式 低中速度で、現在は荷物用及び乗用のごく一部に見られる程度 3. 交流可変電圧可変周波数制御方式 低速から超高速に至るまで、現在の主流

ア．乗用エレベーターの評価

乗用エレベーターについて、再建築費評点基準表は「規格型」「中速特注型」「高速特注型」に分かれており、

「エ　評価対象となるエレベーターがどの評点項目に該当するかの判断については、規格型か特注型かの認定とともに、補正項目に示されている「積載量」や「速度」も参考とされたい。

原則としては、補正項目「積載量」が上限の1,000kg（15人乗）までのもので、「速度」も上限の105m/minまでのものを「規格型」とすべきである。」※39

とされている。

※39　基準解説536頁

さらに、木造家屋の再建築費評点基準表には「ホームエレベーター」の標準評点数が定められており、これは「木造家屋用の２人乗りホームエレベーターの１台当たりのもの（工事費込み）である」※40とされている。当該ホームエレベーターは、高齢者施設で使用されることが多く、車椅子に対応したものが多いことが考えられる。

ここで、特殊なものを除き、再建築費評点基準表に記載されている標準の積載量と速度を整理すると図表３－12のとおりである。

図表３－12　エレベーターの標準の積載量と速度

	規格型	中速特注型	高速特注型	人荷用	ホームエレベーター
積載量	600kg	1,000kg	1,000kg	2,000kg	150kg
速度	60m/min	180m/min	240m/min	60m/min	－

したがって、規格型を基準に考えれば、図表３－13のとおりとなる。

図表３－13　エレベーターの規格型

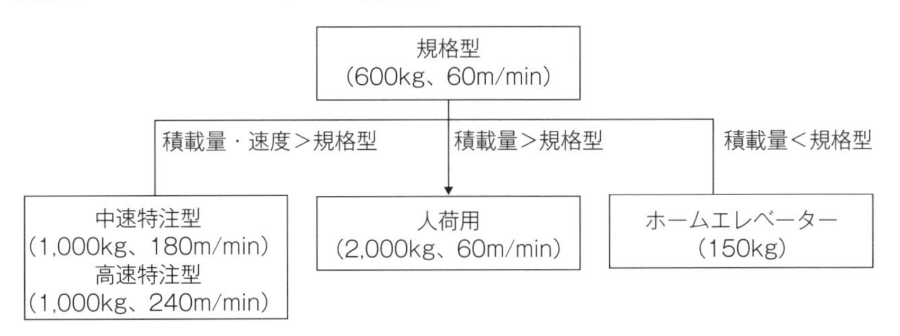

このように、規格型の増点補正率の上限を超過するエレベーターについては、中速特注型又は高速特注型で評価することが適当である。

※40　基準解説239頁

また、「「非常用エレベーター仕様のもの」については、評価基準上乗用エレベーターにしか示されていないが、人荷用で非常用エレベーター仕様のものがあった場合は、同様に加算する必要がある。」[※41]とされているとおり、人荷用エレベーターで非常用エレベーター仕様だった場合には、非常用エレベーターの加算をする必要がある点に留意が必要である。

イ．乗用エレベーター以外のエレベーター

乗用エレベーター以外のエレベーターにおける留意点としては、まず小荷物専用昇降機は建築基準法施行令第129条の３第１項第３号で「物を運搬するための昇降機で、かごの水平投影面積が１平方メートル以下で、かつ、天井の高さが1.2メートル以下のもの（以下「小荷物専用昇降機」という。）」と定められていることから、床面積と天井高に留意が必要である。

次に、寝台用エレベーターは、病院やホテル等に設置されており、建築基準法施行令第129条の５に、積載荷重が定められているので参考とされたい。

ウ．容積率不算入措置

さらに、エレベーターシャフト部分は床面積には算入するものの、容積率算定のための床面積には算定しない（建築基準法第52条第６項）こととなる。

このほか、建築基準法第52条第６項では、共同住宅の共用の廊下若しくは階段の用に供する部分の床面積も、同様に容積率算定のための床面積に含めないこととされており、最近では、平成30年９月25日施行の改正建築基準法において、共同住宅の共用の廊下と一体となった宅配ボックス設置部分も、共同住宅の共用の廊下の用に供する部分に含め、容積率規制の対象外とすることとされた（建築基準法施行令第２条第４号へ及び平成29年11月10日国住街第127号参照）。

※41　基準解説536頁

2. エスカレーターの評価

エスカレーターは、階段のタイプと、階段ではないタイプに分けられる。

後者は、ホームセンターなどカートごと上下階を移動する必要のある家屋に用いられるほか、空港や鉄道駅などに設置されている動く歩道（オートウォーク、ムービングウォーク、トラベレーターなどと呼称される）が挙げられる。

この点について、エスカレーターは建築基準法施行令第129条の12第1項を確認すると、上下階を移動するものに限られず、「勾配は、30度以下とすること。(第二号)」とあるとおり、勾配が0度もエスカレーターに含まれることから、「動く歩道」もエスカレーターに含めて評価して問題ない。

エスカレーターの再建築費評点基準表を確認すると、「S600型」と「S1,000型」に分かれているが、これはステップ幅が600mmなのか1,000mmなのかの違いであり、前者はステップに大人が1人で乗るタイプで、後者はステップに大人が2人で乗ることができるタイプのエスカレーターである。

3 運搬設備を家屋評価の対象に含むか否かの判断基準

Q エスカレーターやエレベーターについて、家屋評価の対象に含まれるのか悩ましい物件が存在します。判断基準などがあれば教えてください。

A

1. 屋外に設置されたエスカレーター

例えば、ペデストリアンデッキ※42に設置されたエスカレーターなどは、通常家屋の三要件（外気分断性、定着性、用途性）のうち、外気分断性の要件を満たしていないことが多いと考えられる。このようなエスカレーターについては、家屋の評価対象とはならず、償却資産の課税対象となる。

2. リースされた建築設備

エレベーター等の運搬設備に限られないが、リース会社に所有権が留保された建築設備の評価及び課税について留意が必要である。

ここで、リース、レンタル、割賦販売を整理しておくと図表3－14のとおりである。

図表3－14　リース、レンタル、割賦販売の比較

項目	リース	レンタル	割賦販売
契約期間	通常長期間	通常短期間	中・長期間
対象物件	汎用性のある動産	汎用性のある特定の動産	広範囲な動産
使用者	特定の使用者	不特定多数の使用者	特定の使用者
所有権	リース会社	レンタル会社	代金完済時（所有権留保方式）に買主に移転

リース会社に所有権を留保している建築設備（契約期間満了後賃借人に無償譲渡される契約になっている物）の課税については次のとおりとされている。

「家屋の所有者がリースによってエレベーター等の建築設備を取り付けた場合については、それが家屋の評価において通常家屋に含めるべき建築設備であり、民法第242条の付合の要件を充足するものであれば、家屋に付合する物として家屋の所有者に対して固定資産税を課すべきものである。」※43

このとおり、リースされた建築設備の所有権はリース会社にあるものの、民法第242条の付合の要件を満たすものであれば、それは償却資産として課税するのではなく、家屋に含めて評価し、家屋の所有者に課税することとなる。

なお、この点については運搬設備に限られるものではなく、システムキッチンなど、他の建築設備も同様であることに留意が必要である。

※42　主に駅前に設置される建物と接続した歩行者専用の人工地盤
※43　実務提要152頁

4　立体駐車場の取扱い

本市では様々なタイプの立体駐車場が見受けられますが、建築設備として家屋評価の対象に含めてよいのでしょうか。又は償却資産に含まれるものなのでしょうか。

立体駐車場に関しては、多段式駐車場を除き実務提要2161・161～163頁に記載があり、それらをまとめると、図表３－15のとおりである。

図表３－15　立体駐車場の種類と考え方

設備	駐車設備は家屋か償却資産か	考え方	備考
カーリフト設備	償却資産	それ自体独立した機能を有しているものである	
メリーゴーランド方式の駐車設備	償却資産	この設備自体が運搬設備であると同時に駐車場の機能を有する設備であることから、家屋の効用を全うするための設備とはいえず、家屋の建築設備には含まれない	外皮である外壁、屋根、主体構造部は通常家屋評価の対象となる
自走方式の自動車用エレベーター	家屋	自動車を駐車させるという当該家屋の使用目的にしたがってその効用を発揮せしめるために必要な設備と考えられる	
多段式駐車場（集合住宅にみられるような機械式駐車場）	償却資産	通常家屋と構造上一体ではないと考えられる	

これらを整理すると、償却資産に該当するカーリフト設備、メリーゴーランド方式の駐車設備、多段式駐車場は、それ自体が車両の保管という機能

を果たしている設備であるが、一方で自走方式の自動車専用エレベーターは、駐車スペースに車両を移動するための設備であり、当該設備がなければ駐車場（家屋）の効用を果たすことができないことから、家屋のための設備という分類となる。

なお、そもそも償却資産とは、「土地及び家屋以外の事業の用に供することができる資産」※44をいうことから、集合住宅に存するような場合で、償却資産にも該当しない場合もあることに留意が必要である。

※44　地方税法第341条第4号

6 建具等の評価

1 固定資産税評価における建具及び特殊設備

Q **家屋の主体構造部や建築設備に含まれない評点項目として、建具及び特殊設備が挙げられます。固定資産税評価における建具及び特殊設備とは何を指すのでしょうか。また、かつて「造作」に含まれていた床間等は、どのように評価するのでしょうか。**

A 建具とは、「建築の開口部にあって開閉の可動部分と枠の総称。伝統的な和風建築ではふすま、障子、戸など、稼働またははめ込みの部分をいう。かもい、敷居などは含まない。その他の場合でも、狭義には可動部分だけをさす。」※45とされている。

固定資産税評価では、木造家屋は「窓、出入口等の建具及びその取付枠並びにシャッター等をいう。」(評価基準第２章第２節二３（７))、非木造家屋では「窓、出入口等の建具及びその取付枠（とりつけわく）並びにシャッター等をいう。」(評価基準第２章第３節二３（７)）とされており、建具のうち、木造家屋及び非木造家屋に設置されることが一般的と考えられるものが挙げられているだけで、木造家屋と非木造家屋で考え方を異にするものではない。

また、「建具は元来取りはずしても構造体には直接影響を与えないものであるが、その機能は風雨、音響、温度、火災の遮断や保安を目的とするものであることから、建具は壁体と同じ機能を持たなければならないものである。

したがって、建具の構造はその建具の使用される箇所によって非常に堅牢なものや簡易なものがある。」※46とされている。この点について、例えばサッシでいうと、居住用超高層建築物（タワーマンション）の上層階など風

※45　「建築学用語辞典 第２版」(日本建築学会編) 445頁
※46　基準解説201頁

圧の強いところで用いられる窓について、その強度が弱かった場合、強風に耐えられなくなってしまうため、日本産業規格（JIS A 4706）で「耐風圧性」「水密性」「気密性」「断熱性」「遮音性」が定められている。

さらに、建具は外部建具と内部建具に区分することができ、それぞれ以下の役割を有している。

1．外部建具の役割

外部建具は家屋の外部の空間と内部の空間を区切る役割があり、家屋内部に入るために必要な扉から、家屋内を快適な環境とするためのサッシなどがある。設計者は家屋の用途に対して最適な空間とするためにそれぞれの役割に見合ったものを選定する。建築基準法上で定められている建具の代表的な役割として、採光用、換気用、排煙用、防火用及び消防活動用に必要な窓があり、その役割を果たすために材質や寸法について建築基準法や市町村の条例等により定められているものがある。以下に建築基準法で家屋に必要と定められている代表的な役割と使用される建具について示す。

ア．採光用

居室（建築基準法第２条第４号　居室　居住、執務、作業、集会、娯楽その他これらに類する目的のために継続的に使用する室をいう。）で人々が活動するために最低限必要な自然採光を確保するための役割を果たし、そのために必要な開口部面積が居室の面積に比例して定められている。具体的には、住宅では引き違い窓やFIX窓、最も効率的に光を取り入れられる天窓などが設置され、事務所や店舗等では、住宅と同様の窓から大規模なカーテンウォールまで設置される。

イ．換気用

居室や自動車の排気ガスが発生する部屋、火を使用する部屋などに対して空気を入れ替えるために必要な役割を果たし、建物の規模や用途、部屋の使用人数によって換気窓の位置や寸法に基準が定められている。具体的には、機械換気によることが多いが、住宅などでは引違い窓など家屋外部に開放できる窓が設置される。

ウ．排煙用

家屋内で火災により煙が発生した場合に必要な役割を果たし、家屋の規模や地下街かどうかにより設置基準が定められており、排煙用窓の寸法や位置、開き方に基準が定められている。機械排煙によることが多いが、窓の場合は天井付近に設けられ、具体的には、内倒し窓、外倒し窓、突出し窓、スチールガラリなどが設置される。

エ．防火用

家屋内で火災が発生した場合に隣接する家屋に延焼しないために必要な役割を果たし、家屋が建てられている地域（防火地域等）や規模、用途、家屋の構造によって開口部の寸法や材質、形式の基準が定められている。具体的には、玄関の鋼製扉や網入りガラス、耐熱ガラスを使用した窓が設置される。

オ．消防活動用

家屋内で火災が発生した場合に消防隊員が家屋内部で消火活動を行うために必要な役割を果たし、消防活動に必要な非常用進入口は、家屋の用途に関係なく、家屋規模と家屋の面する道路によって設置基準が定められている。開口部の建具は消防隊が進入できる最低限の寸法や位置が決められ、その建具には赤色反射塗料の三角形マークの表示が必要とされている。その他の窓と併用されているものもあるが、進入の妨げとならない格子や網入りFIXガラス窓は使用できないこととされている。

2．内部建具の役割

内部建具は家屋内に部屋を形成する役割を持っており、部屋内部に入るために必要な扉から、部屋を形成するスライディングウォールなどがある。設計者は家屋の用途に対して最適な内部空間とするためにそれぞれの部屋の役割に見合ったものを選定する。建築基準法上で定められている代表的な役割として防火用があり、外部建具と同様に建築基準法等により材質や寸法が定められているものがある。以下に建築基準法で家屋に必要と定められている代表的な役割と使用される建具について示す。

○防火用

家屋内で火災が発生した場合に、火災が発生した部屋以外の部分への延焼や煙の流出を防止する機能が必要とされ、家屋の用途、規模及び構造により、建具の材料や開閉形式に基準が定められている。具体的には鋼製防火扉や、煙感知器連動型の電動の重量シャッターなどが設置される。

次に、特殊設備とは、まさに特殊な設備であり、「劇場及び映画館のステージ、銀行のカウンター、金庫室等の特殊な設備及び階段の手摺（てすり）等に別に装飾を施したもの等をいう。」（評価基準第２章第３節二３（８））とされているとおり、これらの設備が施される家屋は極めて稀であると考えられる。

さらに、かつて「造作」で評価されていた床間等については、

「一　部分別区分「造作」については、和室の施工数が減少し、和風の造作で評価を行うものが少なくなってきていることや、洋風の造作について、非木造家屋の評価方法と同様に「建具」で評価することが可能であることから、平成27基準より廃止した。

二　従来まで部分別区分「造作」に含まれていた建具枠については、「建具」の標準評点数に含まれている。建具枠以外の一般造作については、部分別区分「その他工事」の「雑工事」の評点項目にて、床間等については部分別区分「その他工事」の「床間」の評点項目にて評価することができる。」※47

とされているとおり、かつて「造作」で評価していた部分は、現在「建具」あるいは「その他工事」で評価される。

参考に、平成24基準年度評価替え時の「造作」の評価基準を示すと、次のとおりであった。

(7) 造　　作	建物の装飾等の目的をもつて各部構造体に取り付けられるものをいい、これに含まれるものは、おおむね次のとおりである。 敷居(しきい)、鴨居(かもい)、長押(なげし)、釣束(つりづか)、楣(まぐさ)、窓台(まどだい)、付鴨居(つけかもい)、畳寄(たたみよせ)、中束(なかづか)、無目(むめ)、上枠(うわわく)、竪枠(たてわく)、下枠(したわく)、欄間(らんま)、手摺(てすり)、床間(とこのま)(書院(しょいん)、脇床(わきどこ)を含む。)

※47　実務提要2141頁

2　ガラスの種類と評価の方法

ガラスにはどのようなものがあり、どのように評価するのでしょうか。

どのようなガラスがあるのか、基準解説388～390頁を参考に整理すると図表３－16のとおりである。

図表３－16　ガラスの種類と特徴

ガラスの種類	特徴等（かぎ括弧書きは基準解説からの抜粋）
(1) フロート板ガラス	「一般的な透明板ガラス。」 装飾のない、いわゆる普通のガラス。
(2) 型板ガラス	「製造工程中に、片面に各種の型模様を押し付けて作られたガラスで、光を柔らかく拡散し、視線を適度に遮る。」 光を取り入れる必要はあるが、プライバシーは確保する必要がある箇所へ用いられる。
(3) 網入板ガラス	「溶融状態のガラスの中に、格子やひし形あるいは亀甲形等の金属製網を封入した板ガラス。」 防火設備の一種で、火災時に飛散防止効果があり、建築基準法の規定により、防火地域や準防火地域では当該ガラスが使用される。
(4) 熱線吸収ガラス	「吸熱ガラスともいう。」 断熱効果により冷房負荷を抑える。ガラスの中に金属成分が混ざっているため、日光が反射して輝いて見える。
(5) 合わせガラス	「2枚あるいはそれ以上の板ガラスの間に樹脂などの中間膜を挟み接着したものをいう。」 樹脂などの中間膜の力で、ガラスが割れても飛び散らない。
(6) 強化ガラス	「普通板ガラス又は熱線吸収板ガラスの成形板を700℃程度まで熱圧した後、均一に急冷して強化処理したものをいう。」 外部からの衝撃で割れた場合、引っ張る力（※）によりガラス全体が割れるため、防犯性には優れていない。 ※　ガラスを加熱した後に急冷すると、ガラス表面の温度が先に下がり、ガラス内部は表面よりも温度が高い状態となる。この状態で固まると、表面は収縮しているが、内部は表面ほど収縮していないため、ガラス内部は表面に引っ張られている状態となる。

（7）複層ガラス	「2枚以上の板ガラスを、スペーサーと呼ばれる金属部材で、ガラスの間に中空層を設け、中空層に乾燥空気や特殊ガスを封入したものをいう。断熱性、遮音性が高い。」
（8）熱線反射ガラス	「プラスチック製の網をアルミニウムで薄く被覆したものを中間に入れた合わせガラスをいう。」 表面に金属酸化物を焼き付けてあるため、日光が反射して輝いて見える。
（9）ステンドグラス	「色ガラスを様々な形に切り、鉛のひもなどで接合したものをいう。」
（10）鉛ガラス	「レントゲン室等に施工され、放射線を遮断するガラスをいう。」

次に再建築費評点基準表では、「板ガラス」の評点項目が「中」と「並」に区分され、それぞれガラスの厚さに応じて評点数を付設することとなる。

まず、「並」とは、フロート板ガラス、型板ガラス、網入板ガラスを指し、「中」は「並」及びステンドグラス、鉛ガラス以外のガラスを指す。

そして、再建築費評点基準表には、「（注）複層ガラスの厚さは、空気層を除いたガラス板厚の合計とする。」と記載があり、例えば「16mm（FL 5 ＋ A 6[※48]（※）＋ FL 5）」という厚さのガラスは、空気層の 6 mmを含めずガラスの厚さだけを合計して10mmとなる。

なお、木造家屋の標準評点数には「ガラス」の項目はないが、「木造家屋のサッシはガラス及び網戸を含めて積算されており、特別な用途の建具（軽量シャッター、ガラスブロック等）については除外されているので、これらの除外された建具が使用されている場合は、別に評点数を加算する必要がある。」[※49]とされているとおり、木造家屋のガラスは「サッシ」に含めて評価されているため、特別な場合を除いては別途評点付設する必要はない。

※48　「A6」とは空気層6mmを意味する。
※49　基準解説206頁

3　主体構造部のないサンルームの評価

本市で、主体構造部のないサンルームが設置されました。どのように評価するのが適当か教えてください。

サンルームの評価については、実務提要2125・79頁に次のとおり記載がある。

既製品のサンルームの評価について

問　既製品のサンルーム（アルミフレームに前・側面にガラスを用い、屋根材に合成樹脂板等を用い既設のテラス等に柱をボルト締めで設置するもので12平方メートル程度のもの）は家屋として評価してよいか、また、家屋として評価する場合の基準表は何を適用すべきか御教示願いたい。

答　前段お見込みのとおり。

後段については、アルミニウム製軸組、サッシ等一式をもって建具として理解することにより、評点付設することが適当と思われる。

このようなサンルームは建具で評価することとなる。サンルーム以外にも、類似のケースとしてはオフィスビルやホテルの風除室の壁なども同様にサッシとガラスのみで構成されている場合が考えられる。

4 建具に関するその他の留意点

Q このほか、建具について留意すべき点があれば教えてください。

A 日本のエネルギー消費の動向を部門別でみると、産業・運輸部門でエネルギー消費量が減少する中、建築物にかかわる家庭部門や業務他部門では著しく増加している状況であり、省エネルギー対策が必要な状況となっている。そのため、「建築物のエネルギー消費性能の向上に関する法律」が平成27年7月に公布されている。その法律に基づいて定められている「住宅トップランナー制度」では、住戸の年間供給量が一定数（建売戸建住宅は150戸、注文戸建住宅は300戸、賃貸アパートは1,000戸）以上の供給を行う企業に対して省エネルギーについての達成目標を作ることで企業努力を誘導し、住宅性能を向上させている。

家屋の省エネルギー化に大きく影響する部分として、外部建具が挙げられ、その仕様や寸法により、冷房効率が左右されることで家屋の省エネルギー性能に大きな影響を与える。

例えば、木造専用住宅の外気に面する外壁や屋根などには、グラスウールなどの断熱材を施工することが一般的となっており、ガラスサッシの熱貫流率は断熱材の約5倍となる。よって、外気に面する部分では、外部建具の割合を少なくし、外壁を多くすることによって断熱性能が高い家屋になりやすいといえる。そのため、省エネルギー性能の向上を図るために、建具の施工量について影響を与えている。

これらの点をふまえ、建具の施工量が評価基準の定める標準量と大幅に相違がないか確認することが望まれ、必要に応じて「施工量の多少」による補正を適用することが望ましい。

§4　仮設工事及びその他工事

1　仮設工事の概要

仮設工事とは、具体的にどのようなものをいうのでしょうか。

A

1．評価基準

仮設工事とは、評価基準では木造家屋及び非木造家屋ともに同じ内容であり、次のとおり定められている。

> 敷地の仮囲（かりがこい）、水盛（みずもり）、遣方（やりかた）、足場等の建物の建築に必要な準備工事又は工事中の保安のための工事をいう。
> (評価基準第２章第２節二３（9）、第３節二３（10))

また、「仮設工事は、建物完成後には確認することができず、工事費についても個々に捕捉して評点付設を行うことは困難であり、実益も乏しいことから延べ床面積1.0㎡当たりの標準評点数を示し、延べ床面積を計算単位としている。」※50

2．再建築価格方式

固定資産税評価では再建築価格方式が採用されている。再建築価格方式とは、評価の対象となった家屋と同一のもの（ほぼ同様のもの）を新築するものとした場合に必要とされる建築費を求めるものである。

したがって、完成した家屋に必要な資材に直接要する費用だけではな

※50　基準解説247頁

く、形として残らない仮設工事のような工事の費用も含めることとなる。なお、再建築費評点基準表に示されている各評点項目の標準評点数は、資材費と労務費を加算して積算されていることから、仮設工事に限らずすべての部分別区分においても施工のための労務費が含まれるものである。

具体的に仮設工事に何が含まれているかは次に示すが、以上のとおり部位別の標準評点数には資材費と労務費が含まれていることから、仮設工事とは部分（部位）別と直接関係のない家屋全体に必要な工事費ということができる。

3．仮設工事

ア．敷地の仮囲

「仮囲」とは、建築工事の期間中、主に敷地の外周部分※51に設置される防護板のことを指し、その目的は安全確保、塵埃の飛散の防止、盗難の防止、騒音の防止等の目的から設置される。したがって、ある程度の高さが必要となり、建築基準法施行令第136条の2の20にその高さが定められている。ただし、次の記述のように、現地の状況により必ず必要となるものではない。

建築基準法施行令

（仮囲い）

第136条の2の20　木造の建築物で高さが13メートル若しくは軒の高さが9メートルを超えるもの又は木造以外の建築物で2以上の階数を有するものについて、建築、修繕、模様替又は除却のための工事（以下この章において「建築工事等」という。）を行う場合においては、工事期間中工事現場の周囲にその地盤面（その地盤面が工事現場の周辺の地盤面より低い場合においては、工事現場の周辺の地盤面）からの高さが1.8メートル以上

※51　設置位置は原則敷地境界線上とされるが、施工される家屋の外壁の位置関係から、道路や隣地を借用する場合もある。

の板塀その他これに類する仮囲いを設けなければならない。ただし、これらと同等以上の効力を有する他の囲いがある場合又は工事現場の周辺若しくは工事の状況により危害防止上支障がない場合においては、この限りでない。

イ．水盛

水盛とは、水平の印をつけることをいい、現在はレーザーを使用して行われるが、江戸時代の水準測定方法では、細長く浅い木箱を作り、そこに水を入れて水平面をつくり、その水平面から一定の高さに水糸（縄）を張って水平を出すという方法が採用されていた。この名残から「水」という字が使用されている。

ウ．遣方

遣方とは、基礎工事着手前に家屋の正確な位置を敷地に写す作業のことをいう。まず、家屋の外壁線から50cmほど離れた場所に杭を打ち、次に貫板と呼ばれる木の板で家屋が建築される敷地部分を囲み、当該貫板に正確に測定した建物の外壁線を記す。その後、水糸を張って基礎工事を行う位置の基準とするという流れになる。

水盛と遣方を合わせて「丁張り」ともいい、建築物の実際の位置・高さ・水平などを決めることから、非常に重要な作業である。

エ．足場

家屋を建築するにあたっては、その外周部分に足場を設置することとなり、その材料や構造等については、労働安全衛生規則第559条～第575条に定めがある。

そのなかで、当該規則第563条では、次のとおり定められている。

（作業床）
第563条　事業者は、足場（一側足場を除く。第３号において同じ。）における高さ２メートル以上の作業場所には、次に定めるところにより、作業床を設けなければならない。
（後略）

このことから、小規模なユニット等を除き、建築時に高さ２メートル以上の作業場所が必要となると考えられることから、ほぼすべての家屋において足場が必要となる。

オ．その他

基準解説248頁を確認すると、仮設工事の積算内容としては、必要最低限のものとして前記イ．〜エ．のほか、保安用シート、養生費及び清掃片付け費が挙げられている。さらに、非木造家屋では基準解説551頁に、墨出し、現寸型板、災害防止用金網が挙げられている。

このように、いずれも家屋が建築された後は確認することが困難であるが、建築にあたっては必要な費用である。

ただし、実務提要2165頁には、次のとおり「工事仮事務所」は含まれないこととされているため、留意が必要である。

工事仮事務所の取扱いについて
問　「仮設工事」の標準評点数に「工事仮事務所」は含まれるか。

答　部分別「仮設工事」の内容は、建物を建築する場合に必要とされる敷地の仮囲、水盛、遣方、足場等の準備工事又は工事中の保安のために必要とされる仮設工事部分の工事費に相当するものであり、標準評点数の積算要素に「工事仮事務所」は含まれていない。

「工事仮事務所」とは、建築工事を行う際の仮設の事務所であり、工事期間が長く※52なれば、当該工事仮事務所そのものが課税対象となることから、積算要素に含まれていない。

※52　仮設建築物の課税対象となる期間については、実務提要2125・148頁で「一年以上を目安とし、実態に即して判断するもの」とされている。

2　階段の評価と留意点

Q　「その他工事」に含まれる「階段」の評価について、留意すべき点を教えてください。

A　階段の標準評点数は「階段を施工するためのユニット及びその労務費等が含まれている。」[※53]とされている。

それでは、「階段を施工するためのユニット」とはどこまでを指すのであろうか。この点について、まずは階段部分の床面積について確認しておく必要がある。

不動産登記事務取扱手続準則第82条では、次のとおり定められている。

> 六　階段室、エレベーター室又はこれに準ずるものは、床を有するものとみなして各階の床面積に算入する。

また、「Q&A表示に関する登記の実務　第4巻」（日本加除出版）367～368頁では、次のとおり記載されている。

> 吹抜け部分に接続して設置されている階段については、吹抜け部分の仕切りの状態によって、床面積に算入するか否かを判断することとしている。
>
> すなわち、実務の取扱いは、階段部分に横壁が設けられていて、その階段が一つの室を形成していると認められるような場合には、吹抜け部分から独立しているものとして、この部分を2階の床面積に算入することになる。しかし、単に手すりを備え付けたものや踏板状の階段は、吹

※53　基準解説250頁

抜け部分から独立していないと認められるので、吹抜け部分と同様にこれを２階の床面積に算入しないとしている。

したがって、階段室を形成している場合、図表３－17のとおり階段の踏面（ふみづら）[※54]部分を含む太線部分は２階の床に含まれるため、この部分の仕上は２階の床仕上として評価することとなる。ただし、２階の床面積に算入しないとしている吹抜けに設置された壁を有しないオープン階段は、２階の床面積に算入されないことから、踏面部分の仕上を含めてその他工事で評価することとなる。

図表３－17　階段の床面積

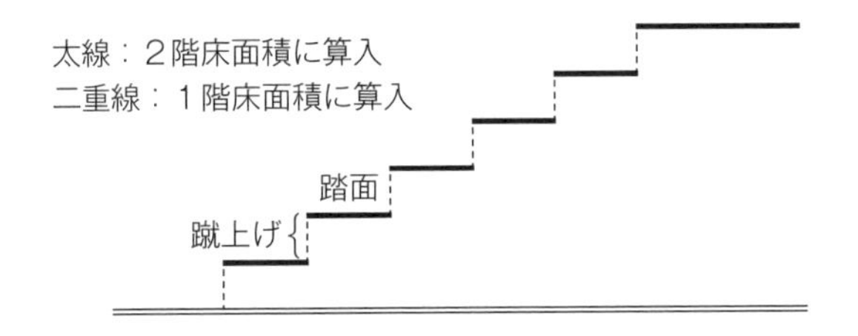

※54　階段の足を乗せる面を「踏面（ふみづら）」、階段の一段の高さのことを「蹴上（けあ）げ」という。

3 バルコニーの評価と留意点

Q 「その他工事」に含まれる「バルコニー」の評価について、留意すべき点を教えてください。また、2階の床に接続している場合、2階の床とは何か関連があるのでしょうか。

A バルコニーとは「建物の上階の外壁もしくは内壁から跳ね出した床」※55を一般的に指すが、ルーフバルコニーなども存することから、固定資産税評価におけるバルコニーが何を指しているのか確認する。これについては、「バルコニーは、登記床面積に含まれない跳ね出しバルコニーを想定しているものであり（後略）」※56と記載されているとおり、外壁部分から跳ね出しているバルコニーを想定しており、ルーフバルコニーは対象としていない。

図表3－18　跳ね出しバルコニー

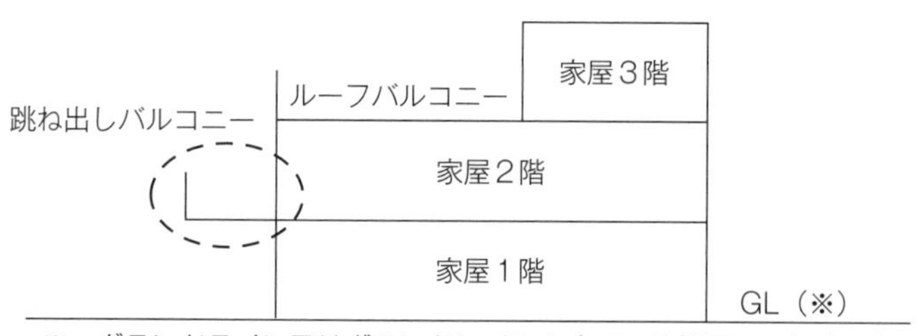

※　グランドライン又はグランドレベルの略で、地盤面のことをいう

また、跳ね出しバルコニーは当該部分で荷重を支える必要があるため、建物建築後外壁部分に別途バルコニーを取り付けることは難しく、図表３－18でいうと２階床組と一体として跳ね出しバルコニーの床組も施工する必

※55　「建築学用語辞典 第２版」日本建築学会編602頁
※56　基準解説250頁

要がある。

図表３－18の場合に、２階床面積の数量を登記床面積で評価する場合、跳ね出しバルコニー部分は通常登記床面積に含まれないため、２階床組に跳ね出しバルコニーの床組は含まれないこととなる。したがって、バルコニーの標準評点数には、バルコニーの床組等の点数が含まれている。

一方、非木造家屋の場合、主体構造部の標準量は一棟全体に使用されている鉄骨、鉄筋、コンクリートの量を統計的に分析して算出されているものである。したがって、一般的な鉄筋コンクリート造の集合住宅を評価する際、標準評点数に延べ床面積を乗じればバルコニーを含んだ主体構造部の再建築費評点数が求められるため、バルコニーの主体構造部を別途加算する必要はない。

4 雑工事の留意点

「その他工事」に含まれる雑工事について、留意すべき点を教えてください。

A

雑工事とは、他の評点項目のいずれにも含まれないものをいい、基準解説249頁では「樋」や「点検口」が挙げられている。

そして、事務が繁雑となることから個別に評点付設するのではなく、用途ごとに一定の割合（以下「乗率」という。）が定められており、当該乗率を部分別「屋根」から「建築設備」までの合計評点数に乗じて算出する。

当該乗率については、図表３－19のとおり用途ごとに異なっているため、用途を誤ると雑工事の率が異なってしまう点に留意が必要である。

図表３－19

用途	乗率（%）
戸建形式住宅用建物	4.0
集合形式住宅用建物	4.0
事務所、店舗用建物	3.0
病院用建物	5.0
ホテル、旅館用建物	5.0
劇場用建物	3.0
工場・倉庫用建物	2.0
軽量鉄骨造建物（戸建形式住宅用建物）	4.0
軽量鉄骨造建物（集合形式住宅用建物）	4.0

§5　特殊な家屋の評価

1　家屋要件を満たさない物件を再利用して住宅を建築した場合

Q　本市において、外壁等が取り壊されて骨組だけが残されたため、外気分断性の観点から家屋の要件を満たさなくなった物件（住宅）があるのですが、納税者が当該物件の基礎や柱などを再利用し、新たに住宅を建築いたしました。

この場合、再建築費評点数はどのように付設すればよいのでしょうか。

A

1. 再建築費評点基準表の適用

評価基準第2章第1節六1において、再建築費評点基準表に関しては「市町村長は、「木造家屋再建築費評点基準表」（別表第8）（以下「木造家屋評点基準表」という。）又は「非木造家屋再建築費評点基準表」（別表第12）（以下「非木造家屋評点基準表」という。）を当該市町村に所在する家屋について適用する場合において木造家屋評点基準表又は非木造家屋評点基準表について所要の評点項目及び標準評点数がないとき、その他家屋の実態からみて特に必要があるときは、木造家屋評点基準表又は非木造家屋評点基準表について所要の補正を行い、これを適用することができるものとする。」とされている。

さらに、補正率及び補正項目に関して、評価基準において、「補正項目について定められている補正係数の限度内において処理することができないものについては、その実情に応じ補正を必要とする範囲内において、その限度を超えて補正係数を決定するものとする。」とされている。

したがって、木造の戸建形式住宅用建物の「内壁仕上」を例にすると、家屋の実態からみて「施工の程度」が1.2を上回る、又は0.7を下回るということも許容されている。

2. 経年減点補正率基準表の適用

経年減点補正率基準表の適用に関して、「経年的な損耗による家屋の取り壊しは、基本的に物理的な一棟を単位として判断されるものである。したがって、経年減点補正率の適用は、原則として、複合用途家屋については主たる用途により、また複合構造家屋については主たる構造により、一棟単位で行うものである。」※57とされている。

したがって、原則的には一棟につき一律の経年減点補正率を適用することから、古材を使用した部分にのみ、当該古材の使用年数に応じた経年減点補正率を乗じるということは、原則としては行わない。

評価センターの報告書※58においても、再建築費評点数は「古材を利用していることが明らかであることを考慮して評点数を減点」し、一方で経年減点補正率は「木造専用住宅に係る１年目の経年減点補正率である0.8を用いる」こととされており、増築された家屋の評価とは異なり、古材利用の点は経年減点補正率ではなく、再建築費評点数で考慮することとしている。

また、基準解説127頁においても「古材が使用されている家屋の場合、新材と比べてその違いが明らかなときは、「施工の程度」による補正により減点補正する必要がある」旨記載されている。

3. 古材を使用した家屋を評価する場合の再建築費評点基準表の適用

例えば、質問のように「基礎」「柱・壁体」を再利用した場合、取り壊し前の家屋の評価において採用されていた経年減点補正率と同等の補正率を、「基礎」「柱・壁体」の「施工の程度」で考慮することにより、古材を使用した評価が可能となる。

※57　実務提要2125・84頁
※58　平成23年度「改築家屋の評価について」報告書69頁

古材を使用した家屋の場合には、耐力的に問題とならない資材のみを利用するので、以前使用されていたすべての資材が再利用できることは稀であり、昨今の建築の状況を反映した家屋のグレードアップが図られることが一般的と思われる。

例えば、鉄筋コンクリート基礎は昨今の建築の状況を反映して、古材のみを使用するのではなく、鉄筋コンクリート造のスラブ部分や基礎の立ち上がり部分を新たに設けることも考えられる。したがって、家屋の施工状況に応じた古材の使用割合や施工量の多少の程度を、通常の家屋以上に考慮することが適切な評価には必要である。

このように、古材のみを使用しているのか、一部古材を使用しているのかも留意する必要がある。

4. 新築住宅の減額措置

次に、古材を使用した家屋の場合、新築住宅の減額措置の対象となるかが問題となる。

この点、「既存の住宅の大部分を取り壊し、残りの一部を継ぎ足して新築された住宅については、既存の部分がそれのみでは全く住宅としての機能を持ち得ない場合（例えば、78平方メートルの住宅のうち浴室部分4平方メートルを残して取り壊し、新たにその部分に接して90平方メートルの住宅を建築した場合など）のみ、「新築された住宅」としての取扱いをする」[※59]とされている。

さらに、「新築住宅であるかどうかの判定については、使用されている建築資材によって判定するものではなく、一部古材あるいは全部古材を使ったものであると否とを問わず、新たに一個の住宅が建築されたものであるかどうかによって判定するものである。」[※60]ことから、本件家屋については、骨組だけが残っており、「それのみでは全く住宅としての機能を持ち得ない」

※59　「固定資産税の法律実務」（固定資産税実務研究会編）286頁
※60　実務提要3059頁

ものであり、古材ではあるものの新たに１個の住宅が建築されたものであることから、新築住宅の減額措置の対象となるものと考えられる。

2 不特定多数の者が出入りしている家屋の用途判断

Q 本市において、最近モデルハウスが建築されました。住宅として建てられているように見えますが、建物内においては不特定多数の者が出入りし、営業が行われています。家屋の用途をどのように判断すればよいのでしょうか。

すなわち、どの再建築費評点基準表と経年減点補正率基準表を適用すればよいかが分かりません。

A

1. モデルハウスの形態

まず、本件の質問はモデルハウスであるが、混同しがちなモデルルームとモデルハウスを整理すると、これらは次の３つの形態に分類することができる。

① マンションのモデルルームにみられるような、建設中のマンションの別棟で、仮設で建築されるモデルルーム

② 住宅展示場のモデルハウス

③ 数区画の建売住宅の分譲販売のために、暫定的にその１区画がモデルハウスとして使用されているもの[※61]

ただし、①は工事現場用仮設建築物と同様、一定の場所に１年以上建築されている場合には家屋に該当することとなる[※62]。

①のケースは仮設で建築される場合以外でも、別の事務所の一室をモデ

※61 数区画の建売住宅の分譲販売の際、その１戸をモデルハウスとして使用して、その他の区画の住宅の販売を行い、最後にモデルハウスとして使用していた住宅も販売される場合がある。

※62 実務提要2125・148頁

ルルームとして展示している場合など様々なケースが想定されることから、ここでは②及び③のモデルハウスに焦点を絞って解説する。

2. 再建築費評点基準表の適用

評価基準第２章第２節二１⑴において、再建築費評点基準表に関しては「各個の木造家屋の構造の相違に応じ、当該木造家屋について適用すべき木造家屋評点基準表を定める場合においては、その使用状況のいかんにかかわらず、当該木造家屋の本来の構造によりその適用すべき木造家屋評点基準表を定めるものとする。」とされており、さらにここでいう「構造」とは、用途も含むものと解される。

したがって、モデルハウスの本来の構造は、住宅と考えられることから、再建築費評点基準表は、「戸建形式住宅用建物」を採用することが適当である。

3. 経年減点補正率基準表の適用

経年減点補正率基準表の適用に関して、評価基準第２章第２節五１⑴では「経過年数に応ずる減点補正率（以下本節において「経年減点補正率」という。）は、通常の維持管理を行うものとした場合において、その年数の経過に応じて通常生ずる減価を基礎として定めたものであつて、木造家屋の構造区分及びその延べ床面積1.0㎡当たり再建築費評点数の区分に従い、「木造家屋経年減点補正率基準表」（別表第９）に示されている当該木造家屋の経年減点補正率によつて求めるものとする。」とされており、明文はされていないものの、実際に家屋がどのように使用されているかで判断することが適当ではないかと考える。

この点、評価センターの家屋研報告書※63でも、以下のとおり「つくり」と「実際の使用」が異なる場合には「実際の使用」の用途で判断することと

※63　平成19年度「経年減点補正率の取扱いに係る諸問題に関する調査研究」報告書74頁

されている。

> 2　複合用途・構造家屋に係る経年減点補正率の取扱い
> 2－3　複合用途・構造家屋に係る経年減点補正率の取扱い
> (3)　基本的な取扱いが困難なケース ～「主たる用途」を認定しがたいケース～
> (i)　地方団体からの問題提起
> ①　店舗を廃業したが、改築を行っていないので「つくり」はどう見ても店舗であるが、実際の使用は自家用倉庫である場合、経年表は「店舗」「倉庫」のいずれを適用すべきか。
> (中略)
> ①については、2－2（1）の冒頭で述べたとおり、現行の経年減点補正率が、年数の経過に応じて通常生じる「減価」相当額を基礎として算定された補正率である以上、その減価の大きさは建物の用途によって異なると考えられるため、当該事例においては、倉庫として使用されるようになった日の属する年度の翌年度の評価から、倉庫の経年表を使用すべきである。

モデルハウスは、その本来の構造は住宅であるものの、人の居住の用に供されておらず、家屋内部では不特定の人間が出入りし、住宅の販売に使用されていることから、使用用途としては店舗である。

以上より、モデルハウスに適用する経年減点補正率基準表は「店舗」を採用するのが適当と考えられる。

3　セルフビルドやハーフビルドを採用した場合の減点補正

Q　**住宅等を建築する場合、安価に済ませるため、セルフビルドやハーフビルドという方法が採用されている場合があります。**

この場合、「施工の程度」等で減点補正を行う必要があるのでしょうか？

A　近年の裁判において、セルフビルドは「施工の程度」で考慮する一方、別の裁判において、資材（新材）を安価に仕入れた場合においては、市場価格よりも安く仕入れたことを理由に減点補正を行う、と対応をする必要はない旨判示されている。このことから、セルフビルド等においては、これらの点に留意が必要となる。

なお、セルフビルドとハーフビルドとは次のとおりである。

○セルフビルド … 一般的に素人である施主自身が自分の家を建てることで、ログハウスの場合が多い

○ハーフビルド … 危険な箇所などはプロに任せて、比較的簡単なことだけを自分でやることをいう

1．セルフビルドに関する裁判例

セルフビルドによる施工の評価に関しては、近年の裁判において「施工の程度」により減点補正を行うこととされているため、評価にあたっては留意が必要である。

－甲府地裁 平成12年（行ウ）第8号－

<table>
<tr><td>原告の主張（要旨）</td><td>被告の主張（要旨）</td></tr>
<tr><td>従来の再建築費評点基準表は、セルフビルドという施工法やリサイクル資源の活用を想定していない。
山梨県はセカンドハウスの多い地域であることを考慮し、被告は再建築費評点基準表を補正するか、別個の再建築費評点基準表を作成すべきであったのに、現状と異なる評点項目、補正係数等を恣意的に選定しており、これに基づいて決定された評価額は「適正な時価」を超えており違法である。</td><td>固定資産評価基準によって適正な評価を行い価格を決定したもので、その価格は「適正な時価」である。
本件家屋はセルフビルドによる施工法という特殊性を有しており、現実の評点数は客観的に低いものと認められるため、評点数が低い類似の評点項目を採用したり、施工の程度を減点補正するなどの評価方法をとった。</td></tr>
<tr><td colspan="2">判決（要旨）</td></tr>
<tr><td colspan="2">【セルフビルドの特殊性について】
施工の程度が良いか悪いかは、施工の質ではなくその費用に着目したものであるといえるが、施工の費用を節約して行ったセルフビルドの特殊性を考慮して減点補正をすることは、むしろ必要であって、被告が行った減点補正は、適正かつ妥当なものをいうべきものである。

【別個の再建築費評点基準表について】
被告は、再建築費評点基準表を適正に運用した上で、所定の算定方法をとって本件家屋の価格を決定したことが認められるから、再建築費評点基準表について評点項目などの補正を行わなかったことや別個の再建築費評点基準表を作成しなかったことについての当否を判断するまでもなく、本件家屋の価格は、「適正な時価」ということができる。</td></tr>
</table>

－東京高裁 平成14年（行コ）第77号－

判決（要旨）
【使用資材に関して】 本件家屋は、セルフビルドにより、廃材、端材ないしは余材を使用して建築施工されたものであり、本件家屋の現実の評点数は、該当する評点項目の評点数と比較して客観的に低いと認められることから、これを通常の資材等と同一の評点項目に従って評価した場合には、評点数が実態と比較して増嵩することとなり、その結果として評価の適正を欠くにいたることが明らかである。 【セルフビルドの特殊性について】 固定資産評価基準における標準評点数の積算は、一般に使用されている資材の種類・品等、施工の態様等、通常考えられる標準的な工事費を基準としているため、実際の工事費が再建築費評点数に反映されることにかんがみ、別に補正項目及び補正係数を設けて、増減点補正により個々の家屋の工事費を的確に反映する措置を講じている。 本件処分においても、本件家屋がセルフビルドによって建築されたことを考慮して必要な減点補正を行っているので、何ら違法ではない。 【別個の再建築費評点基準表について】 本件家屋が特殊な加工方法によって建築されたこと等に照らすと、本件は、固定資産評価基準の補正ないし別個の再建築費評点基準表の作成をすべき場合に該当しないというべきである。

－最高裁 平成14年（行ツ）第253号、平成14年（行ヒ）第295号－
上告棄却、上告申立不受理

2. 資材を安価に仕入れた場合等の評価

セルフビルドで建築した場合には「施工の程度」で考慮することとなるが、より安価に済ませるため市場価格よりも安く資材を仕入れる場合がある。

この場合、「施工の程度」等において考慮する必要があるか否かが問題となるが、最高裁判決（最高裁 平成18年（行ヒ）第283号）※64において、資材を市場価格よりも安く仕入れ、安価な労務費で足りる工法を採用したとしても、それらは不動産の価格の評価を左右するものではないことが認められている。

したがって、現実の取得価格が低かったことを理由として、再建築費評点数を減点補正する必要はない。

3. 整理

これら２つの裁判をまとめると、市場価格より低く資材を仕入れたことの減点補正が否定されていることについては、後者の最高裁判決で認められている。

一方、労務費※65の低さに関しては、前者の東京高裁判決においては考慮するようにも読めるが、後者の最高裁判決においては考慮しないように読めることから、整理する必要がある。

この点、セルフビルドにより減点補正が認められたのは、労務費の低さに着目されたからではなく、素人が自分で建てたことによる家屋の質の低下に着目されたからと思料される。また、当裁判においては廃材や端材が使用

※64　平成12年に新築された建物で、その床仕上げ部分に市場価格よりも安く仕入れた中国産の花崗岩を使用していたが、課税庁が同部分を評価基準所定の花崗岩の評価「国産石・並」として評価したことが適法とされた事例。

※65　固定資産税評価において採用される労務費評点数は、毎年１月下旬頃に国土交通省より公表される公共工事設計労務単価を基にしている。

されていたことに着目されていることからも、減点補正は労務費の低さに着目したものではないと考えられる。

したがって、素人とは異なる熟練したプロと同等の技能を有する者が、セルフビルドにより建築した場合、廃材等を使用していなければ、施工の程度による減点補正は不要となる。

以上より、前者セルフビルドに関する裁判では、素人が自分で建てたことによる家屋の質の低下を、施工の程度で減点することに合理性が認められたことから、課税庁の勝訴となったものであり、一方、上記のように施工の程度による減点補正が不要と考えられるケースもあり得ることから、これは個別的事情により判断することとなる。

4　鉄道駅のホームの取扱い

Q　鉄道駅（地下鉄等を除く地上駅）のホームに関して、「鉄道駅のホーム」という用途性を満たすために必然的な構造といえるため、家屋として評価及び課税してもよいのでしょうか。

あるいは、周壁がないことから、外気分断性を満たさず、家屋に該当しないものなのでしょうか。

A

1．不動産登記

地方税法上、家屋の意義は明確にされていないものの、「地方税法の施行に関する取扱いについて（市町村税関係）」第３章第１節第１二において、「家屋とは不動産登記法の建物とその意義を同じくするものであり、したがって登記簿に登記されるべき建物をいうものであること。」とされている。

このことから、不動産登記規則第111条より、①外気分断性、②土地定着性、③用途性の三要件を満たすことが求められる。

ただし、本件のように、これらの要件の判定が困難な場合もあることから、不動産登記事務取扱手続準則第77条より、その構造や利用状況等を総合的に考慮して判定することとされている※66。

> 不動産登記事務取扱手続準則
> （建物認定の基準）
> 第77条　建物の認定に当たっては，次の例示から類推し，その利用状況等を勘案して判定するものとする。
> （1）　建物として取り扱うもの
> ア　停車場の乗降場又は荷物積卸場。ただし、上屋を有する部分に限る。
> ～ 以下省略 ～

※66　「地方税」2015年12月号「固定資産税の課税客体となる家屋について」総務省資産評価室

したがって、鉄道駅のホームのうち、屋根を有する部分においては家屋と認定することができることとなる。

この場合、周壁を有していないことから、屋根のみで外気分断性を満たしているといえるかが問題となるが、不動産登記では外気分断性について、用途に応じた外気分断性が求められており、四方すべてが壁などで覆われているような外気分断性は要求されていない。

2. 鉄道駅のホームの評価及びその留意点

まず、鉄道駅のホームに適用される再建築費評点基準表は「工場、倉庫用建物」、経年減点補正率基準表は「工場、倉庫、発電所、変電所、停車場、及び車庫用建物」が適当と考えられるが、鉄道会社の事務所がホーム上に存する場合には、当該部分は事務所が適当な場合も考えられる。

そして、本件のような鉄道駅のホームを評価する場合、外部仕上や内部仕上が不要である（と想定される）ことはもちろん、建築設備等も限られることから、再建築費評点数の該当評点項目数は少なくなるものと思われる。

また、ホーム上に待合室などが存した場合に、待合室の屋根がホームの屋根と重複していることがある。このとき、いずれか片方だけ再建築費評点数を評価するのではなく、両者の屋根が存するのであれば、いずれの屋根の評点も加算する必要がある点に留意が必要である。反対に床構造などは二重に評価することがないような留意が必要である。

5 ドーム型の家屋の評価と留意点

図表３－20のようなドーム型の家屋が新築されました。評価するにあたって留意すべき点があれば教えてください。

図表３－20　ドーム型の家屋

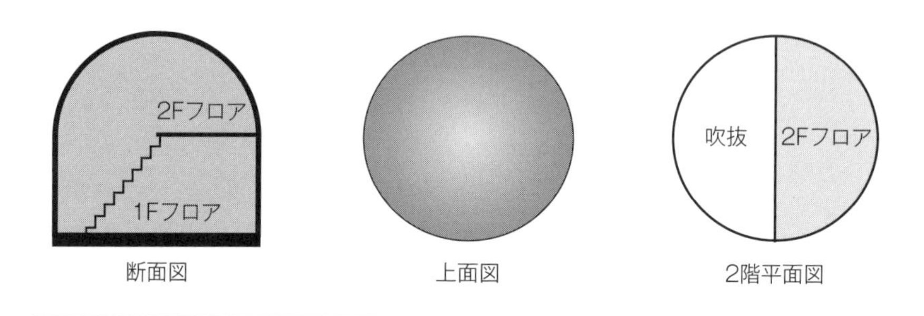

当該形状の家屋の評価にあたって、特に以下の３点に留意が必要と考えられる。

ア．屋根及び天井が特殊な形状であること

通常の切妻の屋根と異なり、ドーム型の形状をしているため、標準評点数の算出のために用いられている標準量と当該家屋の仕上面積が異なる可能性が高い。つまり、単純に標準評点数に当該家屋の屋根の水平投影面積を乗じた場合、適切な再建築費評点数が算出されない可能性がある。

したがって、当該家屋の屋根の仕上面積（表面積）を求めたうえで、標準量との差異について「施工量の多少」で補正することが望ましい。なお、天井仕上についても同様である。

イ．内壁と天井、外壁と屋根の境界があいまいな場合があること

内壁と天井、外壁と屋根に同じ仕上資材が用いられている場合、どこが

境界になるか判断に苦慮する場合がある。図表３－20では、１階から２階までは垂直の壁が存在しているため垂直部分が内壁及び外壁と判断すればよいが、一棟全体が半円の屋根部分のみで構成されている場合もあり、その場合は内壁及び外壁は存在しないと考えるのが適当である。

ウ．２階フロアの有無により外壁仕上等の施工量は異ならないこと

図表３－20の家屋において、２階フロアがある場合とない場合を比較すると、「床構造」「床仕上」「天井仕上」の施工量及び「階段」の有無が異なってくる。

一方、２階フロアがあったとしてもなかったとしても、壁の量は異ならないため、「内壁仕上」や「外壁仕上」の施工量は異ならない。

したがって、単純に計算単位が「延べ床面積」であることを理由に、標準評点数に延べ床面積を乗じて評価すると、２階フロアがある場合とない場合で、壁の施工量に相違がないにもかかわらず、「内壁仕上」や「外壁仕上」の再建築費評点数が異なる結果となってしまう。このため、「施工量の多少」で補正をするなどの工夫が必要と考えられる。

§６　複合構造・複合用途家屋の評価

1　建築物の構造の役割

建築物における構造とは、どのような役割がありますか。

A

1．建築基準法における構造

建築基準法第２条第５号に「主要構造部」の定義が示され、「壁、柱、床、はり、屋根又は階段をいい、建築物の構造上重要でない間仕切壁、間柱、付け柱、揚げ床、最下階の床、回り舞台の床、小ばり、ひさし、局部的な小階段、屋外階段その他これらに類する建築物の部分を除くものとする」とされている。これは、主として建築物の火災に対する安全を確保するために重要となる構造部分である。

また、同法第20条で構造耐力の規定があり「建築物は、自重、積載荷重、積雪荷重、風圧、土圧及び水圧並びに地震その他の震動及び衝撃に対して安全な構造のもの」としなければならないとされている。このような荷重・外力に耐え得る構造について、同法施行令第１条第３号で「構造耐力上主要な部分」の定義が示され、「基礎、基礎ぐい、壁、柱、小屋組、土台、斜材（筋かい、方づえ、火打材その他これらに類するものをいう。）、床版、屋根版又は横架材（はり、けたその他これらに類するものをいう。）で、建築物の自重若しくは積載荷重、積雪荷重、風圧、土圧若しくは水圧又は地震その他の震動若しくは衝撃を支えるものをいう」とされている。これに含まれる部材は構造材と呼ばれる。

このように、建築物は、それ自体の自重や建築設備、利用者などの荷重を支えるとともに、風圧や地震力などの外力に対して安全であるように、壁、柱などの構造部分が設計・建築されている。

なお、建築基準法上は「主要構造部」と「構造耐力上主要な部分」は含まれる範囲が異なっている。例えば基礎の部分は構造耐力上主要な部分であるが、火災による影響が少ないことから主要構造部には含まれない。

2．一般的な構造種別

建築物の主な構造材料は、木材、鉄鋼、コンクリートである。これらの材料の組合せによる構造種別として、同法第20条では、木造、鉄骨造、鉄筋コンクリート造等のわが国において一般的に使用されている構造種別ごとの技術的基準が規定されており、一定規模以上の建築物については、構造計算により安全性を確保することが義務づけられている。

3．建築における複合構造の取扱い

一棟の建築物で木造と非木造を組み合わせたものが、建築分野で「混構造」や「併用構造」と呼ばれる。これは、異種の構造を組み合わせることで、それぞれの長所を活かすことが意図された構造である。

例えば、下階を非木造とし、上階を木造として、高さ方向に異なる構造を組み合わせたものは立面混構造、とされる。

また、柱には圧縮に有利な鉄筋コンクリートを使い、梁には引張に強い鉄骨を使うなど、平面的に木造と鉄筋コンクリート造、木造と鉄骨造を組合せて、構造上のメリットを活用する平面混構造の場合もある。

このような混構造について、同法における構造計算の取扱いは複雑で、一棟の建築物のうちで複数の構造を併用する建築物について別個の規定（平成19年国交省告示第593号第３・４号）が設けられているほか、木造の柱と鉄骨造の梁の組合せや、鉄筋コンクリート造の柱と鉄骨造の梁の組合せであっても併用構造（混構造）と扱われない場合や、建築基準法上の主要構造部の設計における木造部分の組合せ方によって、構造的に一棟の建築物ではなく別棟とみなすことができる場合が示されている。

その他、鉄筋コンクリートと鉄骨を一体化した鉄骨鉄筋コンクリート造

のように、複数の建築材料を組み合わせて一つの構造部材としたものは合成構造と呼ばれる。

なお、木造家屋や鉄骨造家屋の基礎は鉄筋コンクリート造で施工されるため混構造に該当するが、一般的にほとんどの基礎工事が鉄筋コンクリート造であり、評価基準も鉄筋コンクリート造の基礎工事の評点数を設けているため、ここでは特に取り上げない。

2　評価基準における家屋の構造の取扱い

評価基準では家屋の構造についてどのように取り扱われていますか。複合構造の場合はどうなりますか。

1．評価基準の構成

評価基準第２章冒頭の第１節一で、家屋評価における構造区分の必要性について、次のとおり規定されている。

> 評価基準第２章第１節
> 一　家屋の評価
> 　家屋の評価は、木造家屋及び木造家屋以外の家屋（以下「非木造家屋」という。）の区分に従い、各個の家屋について評点数を付設し、当該評点数に評点一点当たりの価額を乗じて各個の家屋の価額を求める方法によるものとする。

このように、家屋評価は木造家屋と非木造家屋の区分にしたがって行うこととされていることから、評価基準における評点数の算出方法も木造家屋（第２節）と非木造家屋（第３節）に分けて定められているものである。

2．評価基準における構造の認定

評価基準では家屋の構造は木造と非木造に大きく区分されている。このうち、非木造家屋についてはさらに、非木造家屋評点基準表の部分別区分において「主体構造部」の種別として、次の構造形式が示されている。

> 評価基準第２章第３節二３
> （１）　主体構造部　基礎、柱、梁、壁体、床版、小屋組、屋根版、階段等、家屋の主体となる構造部分をいう。
> （主体構造部の種別）
> （鉄骨鉄筋コンクリート造）

骨組を鉄骨と鉄筋で組み、その外部に型枠を構成し、これにコンクリートを打ち込んで硬化して構築したもの。
（鉄筋コンクリート造）
骨組を鉄筋で組み、その外部に型枠を構成し、これにコンクリートを打ち込んで硬化して構築したもの。
（鉄骨造）
形鋼（かたこう）と鋼板（こうはん）とを組合せ、ボルト接合又は溶接によつて構築したもの。
（コンクリートブロック造）
コンクリートブロックをモルタルをもつて組積し、鉄筋で補強したもの。

これら鉄筋コンクリート造、鉄骨造等の概念は建築分野と共通しているが、建築基準法における「主要構造部」や「構造耐力上主要な部分」と、評価基準における「主体構造部」は、建築物のうち含まれる部分が異なることに留意する必要がある。

家屋の構造を把握し、評価上の木造・非木造の区分を行うためには、登記簿上の建物構造はもとより、建築基準法上の取扱いを確認する必要があり、建築計画概要書に示された建築物の構造のほか、建築物の平面図、構造図（伏図）に基づき、構造材と非構造材を確認するなど、その内容を的確に把握することが求められる。

3　再建築費評点基準表の適用にあたっての家屋の構造の認定

複合構造の家屋に対する再建築費評点基準表の適用にあたって、家屋の構造はどのように認定しますか。

A

1．複合構造家屋に対する再建築費評点基準表の適用

再建築費評点基準表（以下「評点基準表」という。）の適用について、評価基準第２章第２節二、第３節二では木造・非木造ともに同主旨の「木造（非木造）家屋再建築費評点数の算出要領」として、次のとおり示されている。以下では、評価基準第２章第２節二を示す。

〔木造家屋再建築費評点数の算出要領〕
1　木造家屋評点基準表の適用
木造家屋評点基準表の適用に当たつては、次によつて、各個の木造家屋に適用すべき木造家屋評点基準表を定めるものとする。
（1）　各個の木造家屋の構造の相違に応じ、当該木造家屋について適用すべき木造家屋評点基準表を定める場合においては、その使用状況のいかんにかかわらず、当該木造家屋の本来の構造によりその適用すべき木造家屋評点基準表を定めるものとする。
（中略）
（3）　一棟（ひとむね）の建物で二以上の異なつた構造を有する部分のある木造家屋については、当該各部分について、それぞれに対応する木造家屋評点基準表を適用するものとする。

ここで「二以上の異なつた構造」について、「それぞれに対応する評点基準表を適用する」という主旨からすると、木造・非木造の部分にそれぞれ分けて評点基準表を適用したうえで合算することとなる。

2．高さ方向に異なる構造がある場合

高さ方向に異なる構造の家屋の場合、例えば、２階建ての家屋で１階は鉄筋コンクリート造、２階は木造として設計・建築されたものに適用する評点基準表は、その構造の特徴に基づき、１階は非木造（鉄筋コンクリート造）、２階は木造に分けて適用することとなる。

このように一棟の家屋で木造部分と非木造部分がある場合も、それぞれ区分して評価することで、評価基準第２章第１節一のとおり、木造家屋と非木造家屋の区分にしたがって評点数を付設する、との取扱いに整合するものである。

3．平面的に異なる構造がある場合

前項は高さ方向に異なる構造の場合に、１階部分と２階部分に分けて評点数を付設する取扱いを示した。

これに対し、同一階層内で平面的に異なる構造がある場合も、評価基準で「当該家屋の本来の構造により、適用すべき評点基準表を定める」のとおり、構造ごとに区分した取扱いとなる。

例えば、柱が木造で、梁が非木造の構造材（例えば鉄骨）の場合には、家屋の構造上、より重要となる柱の資材に着目して、主たる構造を木造と認定したうえで、必要に応じて部分別に評点数を付設することが考えられる。

4．在来分の家屋評価に適用する再建築費評点補正率

在来分の家屋の再建築費評点数は、評価基準第２章第２・３節四において、木造・非木造とも次の算式を適用することとされている。

（算式）再建築費評点数＝基準年度の前年度における再建築費評点数
×再建築費評点補正率

ここで、算式に出てくる再建築費評点補正率については、木造・非木造

に区分して「基準年度の賦課期日の属する年の２年前の７月現在の東京都（特別区の区域）における物価水準により算定した工事原価に相当する費用の前基準年度の賦課期日の属する年の２年前の７月現在の当該費用に対する割合を基礎として定めたものである。」とされている。

このように、在来分の家屋評価に適用する再建築費評点補正率は、基準年度賦課期日の１年半前の再建築費評点数をベースに、基本的には３年間の建築費の変動を反映させるものである。

なお、一般的な建築費は、経済全般の影響を受けて短期的な変動も大きいものであるが、再建築費評点補正率は、平成28年７月、令和元年７月など、評価基準で定められた時点間の変動に基づいて算定されていることに留意する必要がある。

また、建築費は資材費・労務費等で構成され、木造・非木造によってその構成割合も異なっている。これに対応して評価基準の再建築費評点補正率も木造・非木造を区分している。

4　経年減点補正率の適用にあたっての家屋の構造の判定

Q　複合構造家屋に対する経年減点補正率の適用にあたって、家屋の構造はどのように判定しますか。

A

1．経年減点補正率基準表

経過年数に応ずる減点補正率について、評価基準では〔損耗の状況による減点補正率の算出要領〕において、木造・非木造に分けて「家屋の構造区分及びその延べ床面積1.0㎡当たり再建築費評点数の区分に従い、「家屋経年減点補正率基準表」に示されている当該家屋の経年減点補正率」によるものとされている。

2．複合構造家屋の経年減点補正率の適用

複合構造家屋に対する経年減点補正率の適用について、平成25年度家屋研報告書※67で次のとおり「構造毎に行うのではなく、主たる構造により一棟単位で行うべき」と指摘されている。

（平成11年度調査研究について）複合構造家屋に対する経年減点補正率の適用方法について、以下のような報告がなされている。
・複合構造家屋の経年減点補正率の適用は、構造毎に行うのではなく、主たる構造により一棟単位で行うべきである。
・主たる構造の判断基準は、従来から多くの市町村において用いられ評価実績もあると思われる延べ床面積割合にすることが適当である。
・家屋の態様から経年減点補正率を一棟単位で判断しがたい場合、原則

※67　平成25年度「家屋に関する調査研究　複合構造家屋の評価について」報告書4頁

どおり主たる構造により一棟単位で適用することが、評価、課税の均衡上問題があり、市町村長が必要と認める場合は、構造別に分けて経年減点補正率を適用しても差し支えない。

また、同報告書５頁では行政実例を紹介する中で、複数の用途に供されている家屋についても「主たる用途により一棟単位で行うべき」と指摘されている。

行政実例の一例（抜粋）

［問］　一棟の家屋（単一構造）が複数の用途に供されている（いわゆる複合用途家屋）場合や、一棟の非木造家屋（単一用途）が複数の構造を有している（いわゆる複合構造家屋）場合の経年減点補正率の適用は、どのようにすればよいか。

［答］　一棟の家屋（単一構造）が複数の用途に供されている場合であっても、また一棟の非木造家屋（単一用途）が複数の構造を有している場合であっても、経年的な損耗による家屋の取り壊しは、基本的に物理的な一棟を単位として判断されるものである。したがって、経年減点補正率の適用は、原則として、複合用途家屋については主たる用途により、また複合構造家屋については主たる構造により、一棟単位で行うものである。

なお、主たる用途、主たる構造の判断基準については、原則としてそれら異なる部分の床面積によるものである。

しかしながら、家屋の態様は様々であり、複合用途家屋及び複合構造家屋について、それぞれ主たる用途、主たる構造によって経年減点補正率を適用することが、当該市町村内の家屋の評価、課税の均衡上問題があると市町村長が認めるときは、用途、構造の異なる部分ごとに経年減点補正率を適用することができるものである。

さらに、同報告書６頁ではこのような複合構造・複合用途の家屋に対する経年減点補正率の適用については、近年の建築技術の進歩と家屋の態様の変化により主たる構造の判断に課題があるとしつつ、「「主たる構造」を認定して、経年減点補正率を一棟単位で適用するという考え方自体は、大量反復的な評価作業を行わなければならない固定資産税の評価において、引き続き合理性があると認められる。」としている。

3．一棟単位での適用

再建築費評点数の付設が構造ごとに部分別に行われるのに対し、経年減点補正率の適用が一棟単位とされる理由として上記行政実例のとおり「経年的な損耗による家屋の取り壊しは、基本的に物理的な一棟を単位として判断される」という点が示されている。

したがって、経年減点補正率の適用にあたっては、家屋のうち取り壊し単位となる物理的な一棟の範囲を判定することが重要となる。また、複合用途の家屋であっても同様に、物理的な一棟ごとに補正率を適用することとなる。

4．主たる構造の判定

複合構造の家屋に対する経年減点補正率の適用について、上記のとおり、主たる構造に基づき判断するものとされ、その判断基準は原則として床面積によるものとされている。

（1） 柱の構造種別によること

建築物に作用する荷重・外力には様々なものがあり、建築物は一定の構造耐力を備えることで安全性を確保しているが、この構造耐力は構造材を通じ、基礎を介して地盤に伝達されるものであり、最終的に建築物全体を支えているのが柱である。このような構造上の重要性から、柱により、家屋の構造種別を判断することが妥当であるとされている[※68]。

したがって、例えば柱が鉄筋コンクリート造、梁が鉄骨造の場合は鉄筋コンクリート造の経年減点補正率を適用することとなる。

※68　平成25年度「家屋に関する調査研究　複合構造家屋の評価について」報告書7～9頁

（2） 平面的混構造の場合は、構造種別ごとの柱の負担面積によること

建築においては、原則として構造種別ごとに分離して個々に設計することが原則とされているが、分離せずに異なる構造を一体として設計する場合がある。このような場合の主たる構造の認定について、平成25家屋研報告書17～18頁では次のとおり指摘されている。

> 柱に着目して構造種別を判断しようとしており、この考え方を、複合構造家屋の経年減点補正率の適用に関して準用し、各構造種別の床面積割合を算出することも合理性のある方法ではないかという意見が多数を占めた。
>
> なお、これらの柱は、垂直部材であるが構造耐力を負担しないものである間柱、飾り柱として取り付けられた付柱、床柱は含まないことに留意する必要がある。
>
> (計算例を中略)
>
> もっとも、すべての複合構造家屋の床面積割合をこの考え方により算出し、適用すべき経年減点補正率を求めることは、評価事務を大幅に増加させることになると考えられる。
>
> よって、その家屋の構造から、主たる構造が直ちに判断できない場合にのみ、負担面積の考え方を準用して床面積割合を算出し、その結果を考慮した上で主たる構造を判断すべきであろう。

前記のとおり、構造種別は柱（構造材である柱であり、非構造材の間柱等は除かれる）により判断するが、例えば、平面的に鉄筋コンクリート造の柱が並ぶ中に、一部に鉄骨造の柱が配置されている場合、それぞれの柱が負担する床面積の割合により主たる構造を判定することとされている。

なお、これらの判定方法は必ずしも複合構造家屋全般に適用すべきものではなく、多様な建築事例に応じて適用を検討するものである。経年減点補正率の適用について、一棟単位とすることや、主たる構造の判定において、

評価、課税の均衡上問題があり必要な場合には、構造の異なる部分を区分して適用することもできることとされていることに留意する必要がある。

5　その他の補正率を複合構造家屋に適用するにあたっての留意点

その他の補正率について、複合構造の家屋に対する適用にあたって留意すべき点はありますか。

A

1．物価水準による補正率

評価基準において、物価水準による補正率は「家屋の工事原価に相当する費用等の東京都（特別区の区域）における物価水準に対する地域的格差を考慮して定めたもの」とされている。

物価水準による補正率は、木造家屋と非木造家屋に分けて定められているが、非木造家屋の補正率は、全市町村を通じて1.00とされており、非木造家屋の評価について地域的格差は生じないこととなる。

家屋の建築工事においては、規格化され工場生産された建築資材が用いられるようになっており、地域による差は縮小している。したがって、物価水準による補正率に地域的格差を生じさせている主な要因は、労務費の地域的格差と解される。

2．設計管理費等による補正率

評価基準において、設計管理費等による補正率は「工事原価に含まれていない設計監理費、一般管理費等負担額の費用を基礎として定めたもの」とされている。補正率の値は、簡易な構造の家屋を除き「全市町村を通じて木造家屋1.05、非木造家屋1.10」とされており、家屋の構造により適用する値が異なっている。

これは、新築される木造家屋の大部分を占める戸建住宅などと、比較的規模の大きい非木造家屋では、建築基準法上の構造計算や設計監理の水準が異なることが反映されているものと解される。

なお、評価基準における設計管理費等による補正率は、上記に続けて「ただし、木造家屋及び非木造家屋とも床面積がおおむね10平方メートル以下の簡易な構造を有する家屋については設計管理費等による補正率は1.00」とただし書が設けられている。

この「おおむね10平方メートル以下の簡易な構造」については、木造・非木造の区分が設けられておらず、建築基準法第６条第２項で建築確認が不要とされる「防火地域及び準防火地域外において、……その増築、改築又は移転に係る部分の床面積の合計が10平方メートル以内であるとき」が目安となる。

３．複合構造家屋に対する物価水準による補正率、設計管理費等による補正率の適用

物価水準による補正率、設計管理費等による補正率とも、建築工事費の変動を反映させるための補正であり、建設工事費デフレーター等を参考に基準年度ごと、木造・非木造の区分ごとに示されるものである。

したがって、複合構造の家屋に対する評点基準表の適用において「二以上の異なつた構造」について「それぞれに対応する評点基準表を適用する」とされていることと同様に、物価水準による補正率、設計管理費等による補正率とも、木造・非木造の区分に応じて適用したうえで合算する、との取扱いが考えられる。

6　経年減点補正率の適用にあたっての家屋の用途の考慮

複合用途家屋に対する経年減点補正率の適用にあたって、家屋の用途はどのように考慮されますか。

1．評価基準における経年減点補正率基準表の適用方法

> 評価基準第２章第２節五
> 〔損耗の状況による減点補正率の算出要領〕
> １　経過年数に応ずる減点補正率
> （１）　経過年数に応ずる減点補正率（以下本節において「経年減点補正率」という。）は、通常の維持管理を行うものとした場合において、その年数の経過に応じて通常生ずる減価を基礎として定めたものであつて、木造家屋の構造区分及びその延べ床面積1.0㎡当たり再建築費評点数の区分に従い、「木造家屋経年減点補正率基準表」（別表第９）に示されている当該木造家屋の経年減点補正率によつて求めるものとする。

複合構造家屋に対する評点基準表の適用については、評価基準において「当該各部分について対応する評点基準表を適用する」として、構造ごとに区分して評点数を付設することが明示されており、同様に用途が異なる部分も既述のとおり、区分して評点数を付設することとなる。

これに対し、経年減点補正率の適用については、概要の記述にとどまっている点に留意する必要がある。

複合用途家屋に対する経年減点補正率の適用は、２．のとおり、一般財団法人資産評価システム研究センターで開催された平成11年度家屋に関する調査研究委員会で検討されている（注：報告書は「平成11年度家屋に関する調査研究―損耗の状況による減点補正率の適用に関する調査研究―」(以下、「H11家屋研報告書」、同様に平成19年度、平成25年度の報告書を「H19家屋研報告書」「H25家屋研報告書」という。)。

2．複合用途家屋に対する経年減点補正率基準表の適用方法

（1） H11家屋研報告書における複合用途家屋に対する経年減点補正率基準表の検討

H11家屋研報告書では次のとおり、基本的な考え方が示されている。また、この報告書での検討をベースにして、その後、平成19年度、平成25年度の家屋研においても複合用途家屋の評価方法が検討されている。

ア．経年減点補正率基準表の適用方法についての基本的な考え方

> 2　経年減点補正率の適用方法について
>
> （1） 複合用途家屋の取り扱い
>
> 経年減点補正率は、木造家屋については再建築費評点基準表に対応し、さらに延べ床面積1.0㎡当たり再建築費評点数区分別に定められ、また非木造家屋については再建築費評点基準表に対応し、さらに構造別に定められている。
>
> したがって、本来、家屋の時の経過に応じて通常生ずる減価は、まず構造区分に従い、さらにその使用形態（用途）に応じて定められていると考えられる。

このように、一棟のうちに木造・非木造が混在する家屋の場合は、まず木造・非木造の部分に家屋を区分して、評点基準表を適用するとともに、経年減点補正率も別に適用する（いわば別個の家屋として評価する）ことが考えられる。

イ．複合用途家屋に対する経年減点補正率基準表の適用方法

H11家屋研報告書では続けて、（単一構造の）複合用途家屋に対する経年

減点の適用について、次のとおり指摘している。

> ところで、一棟の家屋（構造は単一）で、複数の用途に供されているものは、近年の建築状況では珍しくないが、経年減点補正率の適用方法は、このような家屋については示されておらず、評価の現場において疑義が生じているところである。
> (中略)
> 複合用途家屋に対する経年減点補正率の適用については、原則として「一棟単位（主たる用途)」で判断することとし、主たる用途の判断基準については床面積割合で行うことが望ましいとされた。

このように、経年減点補正率の適用は、家屋の取り壊しが基本的に一棟単位となることを根拠としており、複合用途家屋の場合も、主たる用途に着目して一棟単位で適用することが原則とされている。例外的に、課税の均衡上必要な場合には、構造別・用途別に分けて適用することとなるものである。

前述のH25家屋研報告書５頁で引用されている行政実例も、このような考え方をふまえ、複数の用途に供されている家屋についても「主たる用途により一棟単位で行うべき」とされている。

（２） 経年減点の適用単位とする物理的な一棟

ここで、家屋の取り壊し単位は「物理的な一棟」とされている。

建物の個数については、不動産登記事務取扱手続準則第78条第１項において、「効用上一体として利用される状態にある数棟の建物は、所有者の意思に反しない限り、１個の建物として取り扱うものとする。」とされている。

このように不動産登記法は申請主義で所有者の意思を重要な要素とするものであり、登記簿上は１個の建物とされていても数棟の建物が含まれる場合がある。例えば、母屋と倉庫などが一体利用される場合には１個の建物（主たる建物と附属建物）として登記されることもあるし、倉庫を独立した

１個の建物として別に登記するかは、所有者の意思によることとなる。

これに対し、経年減点補正率適用における「物理的な一棟」とは、登記簿上の建物の個数とは異なる場合があり、数棟の家屋がそれぞれ独立した別個の建築物と判断できる場合には、別々の家屋として取り扱う（前記の例では、母屋と倉庫を別の用途に認定し、経年減点補正率を適用する）こととなる。

（３） 複合用途家屋に対する経年減点補正率の例外的な取扱い

以上の検討のとおり、複合用途家屋に対する経年減点補正率の適用は、主たる用途、主たる構造に基づいて適用することが原則的な取扱いとなる。

ただし、経年減点補正率の適用を一棟単位とする根拠が「取り壊し」単位とされていることから、木造と非木造で構成されている家屋について、例えば鉄筋コンクリート造の下階部分と木造の上階部分のように構造が異なっており、将来的な取り壊し（建替え）も別々に行われることが想定される場合は、構造ごとに区分して評価することも考えられる。

なお、「損耗の状況による減点補正率適用の手引き」13頁では、「構造別（用途別）に分けて経年減点を適用する取扱いをする場合にあっては、特定の家屋について行うのではなく、可能な限り、当該市町村に所在する家屋すべてについて同一の取扱いをする必要がある」とされている。

３．複合構造・用途家屋の評価方法の検討例

１階部分が鉄筋コンクリート造の駐車場・倉庫、２・３階が木造専用住宅である家屋に対して評点基準表、経年減点はどのように適用すればよいか。

（１） 再建築費評点基準表の適用

評点基準表は「家屋の構造（用途）の区分に応じ」て適用するため、木造部分は別表第８「戸建形式住宅用建物」を適用する。これに対し駐車場部分も「家屋の本来の構造により」判定すると、別表第12「工場、倉庫用建物」を適用することとなる。

（２） 経年減点補正率基準表の適用

経年減点補正率の適用は、「基本的に物理的な一棟を単位として判断」されるもので、原則として床面積により主たる構造、主たる用途により行うものである。その場合、戸建住宅部分の床面積が過半の場合は、木造の別表第９「１ 専用住宅、共同住宅、寄宿舎及び併用住宅用建物」を適用する。

ただし、取り壊し単位が異なる場合など、上記方法が、当該市町村内の家屋の評価、課税の均衡上問題があると市町村長が認めるときは、用途、構造の異なる部分ごとに経年減点補正率を適用することができるとされているため、駐車場の部分を分けて非木造の別表13「８ 工場、倉庫、発電所、変電所、停車場及び車庫用建物」を適用することが考えられる。

§7　比準による再建築費評点数の算出方法

1　比準評価の概要

比準評価とは、どのような方法で、かつどのような手順で行うのでしょうか。

A　比準評価について、まずは評価基準と基準解説に書かれている記述を確認して、作業の手順を整理することとする。

評価基準では、比準評価について次のとおり記載されている（ここでは木造家屋について抜粋したが、非木造家屋についても、同様の記載がある）。

> 評価基準第２章第２節
> 三　比準による再建築費評点数の算出方法
> 比準による再建築費評点数の算出方法によつて木造家屋の再建築費評点数を求める場合は、次によつて求めるものとする。
> １　当該市町村に所在する木造家屋を、その実態に応じ、構造、程度、規模等の別に区分し、それぞれの区分ごとに標準とすべき木造家屋を標準木造家屋として定める。
> ２　標準木造家屋について、二によつて再建築費評点数を付設する。
> ３　標準木造家屋以外の木造家屋で当該標準木造家屋の属する区分と同一の区分に属するもの（以下本項において「比準木造家屋」という。）の再建築費評点数は、当該比準木造家屋と当該標準木造家屋の各部分別の使用資材、施工量等の相違を考慮し、当該標準木造家屋の部分別再建築費評点数又は再建築費評点数に比準して付設する。

続いて、基準解説33〜34頁の記述を確認すると、次のとおりである。

> 比準による再建築費評点数の算出方法（以下「比準評価の方法」とい

う。）は、部分別による再建築費評点数の算出方法（評価基準第２章第２節二による評価方法。以下「部分別評価の方法」という。）による事務量の増大、すなわち、部分別評価の方法に内包されている評価手続上の複雑な点を解消し、評価事務の簡素合理化を図ろうとする趣旨により、現行評価基準が適用された昭和39年度から設けられたものである。

比準評価の方法は、当該市町村に所在する木造家屋を、その実態に応じ、構造、程度、規模等の別に区分し、それぞれの区分ごとに標準とすべき木造家屋を標準木造家屋として選定し、当該標準木造家屋について部分別評価の方法によって再建築費評点数を付設し、比準木造家屋の再建築費評点数は、当該比準木造家屋と標準木造家屋の各部分別の使用資材、施工量等の相違を考慮し、当該標準木造家屋の部分別再建築費評点数又は再建築費評点数に比準して求めるものである。

したがって、この方法は各個の比準木造家屋について、各部分別又は一棟全体で、使用資材、施工量、施工の程度等について標準木造家屋との相違を判定して必要な増減点を行い、その結果に基づいて再建築費評点数を求めるものであり、部分別評価の方法によって再建築費評点数を求める場合に比べて、その評価事務量は少なくなるものである。

なお、比準評価の方法の適用に当たっては、次のことに留意する必要がある。

１．構造別区分

木造家屋の構造別区分は、主として用途別区分によるものであるから、比準評価の方法による場合の構造別区分は、当該市町村に所在する木造家屋の用途別の状況に応じ、評価基準に定める用途別区分（13種類）を統合し又は細分することも差し支えないものであるが、用途別区分の統合については、標準家屋の選定が困難であると考えられることから、慎重を期さなければならない。

（用途別区分の例）
・専用住宅用建物等……専用住宅用建物、共同住宅用及び寄宿舎用建物
・事務所用建物等………事務所及び銀行用建物、店舗用建物
・専用住宅用建物（平屋建）
・専用住宅用建物（二階建）

２．程度別区分

比準評価の方法による場合の程度別の区分は、例えば各用途別区分ごとに木造家屋の施工の程度によって区分し、当該市町村に所在する木造家屋の用途別の施工の程度の実態に適合させることが適当である。

なお、特に高級な家屋や特殊な家屋については比準評価を行わず、部分別評価の方法によることが適当である。

以上をふまえると、比準評価の作業の手順としては、図表３－21のとおりとなる。

図表３－21　比準評価の作業手順

①構造、程度、規模等の別に区分
↓
②区分ごとの標準家屋の選定
↓
③標準家屋の評価（部分別評価）
↓（比準表の適用）
④比準家屋の評価

2　比準評価のメリットと導入にあたっての課題

Q　比準評価のメリットと導入（適用）にあたっての課題があれば教えてください。

A　比準評価については、平成6年度家屋に関する調査研究「家屋の比準評価に関する調査研究」（評価センター）（以下、「平成6年度報告書」という。）で研究されており、そのなかで特色と問題点についてもまとめられている。詳細は平成6年度報告書を参照されたいが、挙げられている特色と問題点を項目だけ列挙すると次のとおりである。

【メリット】（平成6年度報告書Ⅱ２「比準評価の特色」より）
（1）　評価手続きの簡素化、評価事務量の軽減が図れる。
（2）　建物の地域的特性を個別の家屋の評価に反映させやすい。
（3）　評価水準の適正化と家屋相互間の評価の均衡を確保しやすい。
（4）　団体内の家屋について全体の評価レベルをつかみやすい。

【導入（適用）にあたっての課題】（平成6年度報告書Ⅱ３「比準評価の問題点」より）
（1）　評価担当者の主観的な要素が評価に反映されるおそれがある。
（2）　実際に家屋を比準評価するためには、評価に関する専門的、技術的な知識が一層要求される。
（3）　特殊な家屋、個別（特殊）要素の強い家屋を評価するには、不適当である。

これらに加えて、さらに考えられるメリット及び導入（適用）にあたっての課題は、次のとおりである。

【メリット】

○調査拒否家屋の評価に有効である。

納税義務者が立入調査を拒否した場合について、実務提要2022頁では次のとおり解説されている。

> **納税義務者が立入調査を拒否した場合について**
>
> 問　固定資産評価補助員が家屋の評価に出向いた際、納税義務者から立入調査を拒否された場合、解説によると法第353条の規定が家屋の立入検査の権限まで規定しているのか疑問があるので、外形的に評価せざるを得ないものと解されるとあるが、外形的に評価することは法第403条（固定資産評価基準によって固定資産の価格を決定しなければならない）に抵触しないのか。
>
> 答　家屋の評価に当たっては、各部分別の全てについてその細分まで承知しなければ評価ができないものでなく、その実態によっては比準評価の方法が評価基準上認められているので、設問の場合にあっても、当該家屋の構造、規模、程度（外観からみた）の類似する家屋から比準して評価することが可能であり、また、このような評価方法は、法第403条に抵触するものではないと思料する。

このように、立入調査することができず、さらに図面などから仕上が正確に判断できない場合、部分別評価を適用することができないため、類似の家屋から比準する方法により評価することが可能となる。

○課税漏れ家屋及び課税成りした家屋の評価に有効である。

市町村職員が新築物件の家屋を把握するためには、登記され、法務局から連絡を受ける必要があるが、登記は所有者の申請によるため、特に未登記の家屋について把握するのが極めて困難である。

このように、建築から年数が経過した時点で評価及び課税が漏れていたことが判明した場合、建築時の評価基準を適用して評価する必要があるが、当時の評価基準で部分別に評価することが困難な場合も考えられる。このとき、類似の家屋から比準する方法により評価することが可能となる。

これと同様に、地方税法第348条の非課税物件だったため評価してこなかったが、あるとき非課税要件から外れ、いわゆる課税成りした物件についても、建築当時の評価基準で部分別に評価することが困難な場合が考えられ、比準評価の方法により評価することが可能となる。

【導入（適用）にあたっての課題】

○市町村内の家屋を「構造、程度、規模等の別に区分」すること、及び「標準家屋を選定」することが困難な場合が考えられる。

豊富に新築家屋が存する大都市であれば、構造、程度、規模等の別に区分することや、統計的に標準的な家屋を選定することもできる可能性があるが、比較的小規模な市町村では新築家屋の棟数が少なく、どの程度で区分すればよいか判断できない場合や、それぞれの区分に応じた標準的な家屋を選定することが困難であることも考えられる。

また、木造の戸建住宅以外の構造及び用途については、部分別の評価方法によらざるを得ないと考えられる。特に非木造家屋については画一化することが困難であるため、比準評価に馴染まないと考えられ、結局のところ部分別評価の方法も市町村職員が身につける必要があり、評価方法を習得するための時間短縮にはつながらない可能性がある。

○評価基準の改正に伴い、比準方法等を見直す必要が生じる。

評価基準は、基準年度評価替えの都度、そのときの新築家屋の状況に応じて改正されている。

例えば、令和３基準年度評価替えでは、昨今の大地震をふまえて、「柱・壁体」の統合がなされたことから、在来軸組工法の補正項目として柱の本数を数える必要がなくなった。従来このことに着目して比準表を作成していた場合、比準表を見直さなければ部分別評価と齟齬が生じることになる。

また、評価基準の再建築費評点基準表の改正は、最近のスケジュールでは第２年度の３月末の地方財政審議会で審議され、そのあとパブリックコメントの募集という流れになることから、最終年度の１年間で部分別評価の改正点を把握すると同時に、部分別評価と整合を図った比準評価の検討をしなければならず、実務上難しい場面も考えられる。

○改築した家屋の評価への対応が困難である。

改築した家屋については、地方税法第349条第２項第１号の「特別の事情」に該当する。部分別評価であれば、改築した部分だけを新たに評価すればよいが、比準評価の場合、通常一棟全体での比準を想定していると考えられることから、改築部分だけを新たに評価することが困難であると考えられ、対応に苦慮することが考えられる。

3　比準評価の留意点

比準評価の留意点があれば教えてください。

A

1．用途別区分と標準家屋の選定

新築棟数が豊富な用途であれば導入可能性は高まると考えられるが、新築棟数が少ない用途や、画一化することが困難な非木造家屋の事務所や店舗などでは、比準評価に馴染まないと考えられる。

そうすると、比較的比準評価を導入しやすいのは、一般的に棟数が多い戸建形式住宅用建物（木造及び軽量鉄骨造）ではないかと考えられる。

次に、これらの構造・用途について標準家屋を選定することとなる。標準家屋については、市町村内に存する当該用途の標準を選定することになるため、既存の家屋から統計的に分析する方法も考えられるが、標準家屋を選定する主たる目的は、今後新築される家屋について比準評価を適用するためであることから、既存家屋すべてを分析対象とした場合、築年数が経過した古い家屋も混在してしまい、最近の建築の傾向と合わない可能性が生じることとなる。したがって、選定にあたっては比較的最近新築された家屋とすることが望ましい。

また、納税者へ説明する際、なるべく疑義を持たれないことも考慮して、特殊な地域に存する家屋も避けることが望ましいと考える。例えば近年の災害の多発状況から、被災した地域内の家屋の場合、損耗減点補正が必要な場合も考えられる。このような家屋は、再建築費評点数には影響はないものの、納税者への説明の際、市町村内の標準的な家屋として納得が得られない可能性も考えられるため、可能であれば避けることが望ましい。

さらに、一般的に普請の程度が良い家屋は、延べ床面積も広い傾向にあると考えられることから、ランクが上位の区分の標準家屋ほど延べ床面積が広くなるよう選定するなどの工夫も必要だろう。

2．比準評価に必要なメンテナンス

（1） 標準家屋の選定替え

標準家屋を選定する主たる目的は、前述のとおり、今後新築される家屋について比準評価を適用するためであることから、標準家屋の建築年数が古くなれば、最近の施工の状況と合わない可能性が生じることとなる。

例えば、最近では和室が減少している一方、リビングを広く確保しており、また１階と２階の２箇所にトイレが設置される家屋が多くみられるようになっているなど、時代の趨勢により家屋の状況も変化している。

これらの状況を反映した家屋を標準として選定することで、より適正な評価が実現することとなる。

（2） 比準表の見直し

家屋の状況は時代とともに変化しており、それに対応するよう基準年度評価替えごとに再建築費評点基準表も見直されている。

したがって、基準年度評価替えごとの再建築費評点基準表を基礎として、再建築費評点基準表が見直しされれば、当該見直しされた部分に対応する比準表も見直しの検討をすることが望ましいと考えられる。

§8　区分所有建物の評価・課税

1　区分所有家屋の評価の留意点

区分所有家屋の評価にあたって、区分所有家屋以外の家屋と異なり、特に留意しなければならない点があれば教えてください。

A

1．区分所有家屋とは

区分所有家屋とは、次の２つの要件を満たす家屋のことであり、分譲マンションなどが代表例として挙げられる。

要件１：家屋の各部分に構造上の独立性があること
家屋の各部分が他の部分と壁等で完全に遮断されていることをいう。

要件２：家屋の各部分に利用上の独立性があること
家屋の各部分が他の部分から完全に独立して、用途を果たすことをいう。

これら２つの要件を満たす家屋の各部分について、それぞれ別個の所有権が成立しているとき、区分所有家屋に該当する。

そして、区分所有家屋については後述する地方税法第352条で税額を按分することになるが、当該条文では「当該区分所有に係る家屋に係る固定資産税額を同法（編者注：建物の区分所有等に関する法律）第14条第１項から第３項までの規定の例により算定した専有部分の床面積の割合（専有部分の天井の高さ、附帯設備の程度その他総務省令で定める事項について著しい差違がある場合には、その差違に応じて総務省令で定めるところにより当該割合を補正した割合）により按分した額を～」とされているとおり、固定資産税額を按分することから、まずは一棟全体の固定資産税額を算出することとなる。
すなわち、評価額算出の段階においては、原則として当該家屋が区分所有の場合とそれ以外の場合で評価額は異ならないこととなる。

2．附属する家屋の評価

区分所有家屋の代表例としては分譲マンションが挙げられるが、本体の分譲マンションとは別にゴミ庫などの附属する家屋が建てられる場合がある。
評価基準では「家屋の評価は、木造家屋及び木造家屋以外の家屋（以下「非木造家屋」という。）の区分に従い、各個の家屋について評点数を付設し、当該評点数に評点一点当たりの価額を乗じて各個の家屋の価額を求める方法によるものとする。（評価基準第２章第１節一）」とされている。すなわち、「各個の家屋」ごとに評価額を求めることから、たとえ規約により共用部分と定められていたとしても、物理的に異なる家屋であるゴミ庫等については、ゴミ庫単独で評価することになる。
したがって、分譲マンション本体の家屋とゴミ庫等については、再建築費評点数を求める際の用途や、経年減点補正率を適用する際の用途が異なることが考えられる。

2　区分所有家屋の税額按分方法

区分所有家屋について、税額を按分する方法が分かりません。按分の方法について教えてください。

A　固定資産税額は前述のとおり、地方税法第352条にしたがい専有部分の床面積で按分することになるが、その際、「専有部分の天井の高さ、附帯設備の程度その他総務省令で定める事項について著しい差違がある場合には、その差違に応じて総務省令で定めるところにより当該割合を補正した割合」で補正することが可能であり、当該総務省令は地方税法施行規則第15条の3に定められている。

同じ一棟の家屋内であっても低層階が店舗で中層階以上が住宅というように、用途が異なることで天井高等が大きく異なる場合や、一棟全体が分譲マンションであっても最上階だけ高級な仕上となっている場合もある。

このとき、単純に床面積だけで按分するのではなく、課税の公平に資するよう按分の際に補正することができることとされている。

なお、当該按分については、実務提要1262頁にまとめられている。

区分所有に係る家屋に対して課する固定資産税（352）

問　区分所有に係る家屋に対して課される固定資産税の按分について御教示願いたい。

答　建物の区分所有等に関する法律（以下「区分所有法」という。）の適用を受ける家屋は、家屋全体と附属屋を一括して評価し評価額を決定する。

そして、算定された固定資産税の総額を、それぞれの区分所有者に按分して、各区分所有者の納付すべき固定資産税額を決定する。

この場合按分割合は、区分所有者が専有する床面積によって算定することになる。

また、廊下や階段など区分所有者が全員で共用する部分は、区分所有法第14条第１項から第３項の規定が適用され、各所有者の専有部分の床面積の割合によってあん分され、それぞれの区分所有者の専有部分の床面積に算入される。

さらに、一部の区分所有者のみが共用する部分についても、これを共用すべき各区分所有者の専有部分の床面積の割合により按分することになる。

ところで、共用部分の持分割合について、規約で定めている事例があるが、この場合も、固定資産税においてはあくまでも各区分所有者の専有部分の床面積であん分することになるので注意を要する。

なお、家屋によっては、各専有部分の天井の高さ、付帯設備の程度又は仕上げの程度等に著しい差異がある場合があるが、このような場合に、単純に床面積のみによってあん分したのでは、負担の均衡を失する結果ともなるので、その差異に応じて補正を行うことになっている。

このように、床面積で按分することになるが、免税点の適用について区分所有家屋全体で判断するのか、按分後の区分所有者ごとに判断するのか悩む場合があるが、免税点の判断については、「固定資産税の課税標準となるべき額」（地方税法第351条）で判断することになる。区分所有家屋で按分するのは、前述のとおり固定資産税額であり、まずは一棟全体の固定資産税額を算出することとなるため、按分後の課税標準となるべき額はそもそも存在しないことから、一棟の区分所有家屋全体で判断することとなる。

次に、例えば図表３－22のように低層の区分所有家屋で水平方向に増築されるケースがあるが、増築部分の評価額は増築した専有部分の所有者のみが負担するのではなく、法定共用部分が存するため、按分の結果、既存部分の専有部分の所有者の税額が上昇することもありえる。

すなわち、増築部分の壁・柱・基礎など主体構造部や、共同で使う配管・配線など構造上共用とされる部分（法定共用部分）は、既存部分の専有部分の所有者も税額を負担することになる。

図表３－22　低層の区分所有家屋で水平方向に増築されるケース

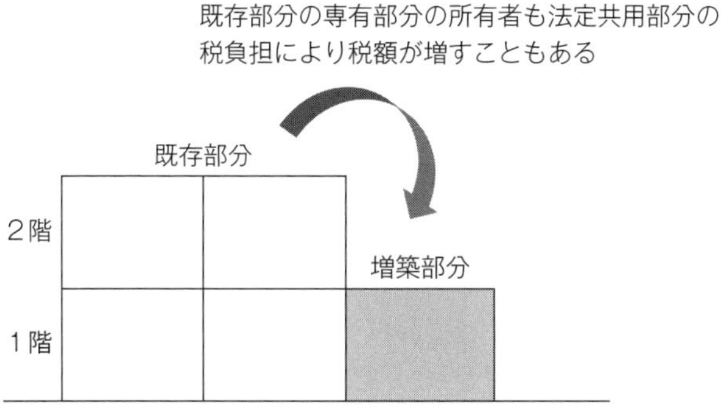

既存部分の専有部分の所有者も法定共用部分の
税負担により税額が増すこともある

既存部分

２階

増築部分

１階

3　居住用超高層建築物の税額按分方法

居住用超高層建築物の課税について、税額を按分する方法が分かりません。按分の方法について教えてください。

A　建築基準法第20条第１項第１号の「高さが60メートルを超える建築物」の場合、地方税法第352条第２項の規定が適用される。

第352条第２項では、第１号で「人の居住の用に供する専有部分」、第２号で「前号に掲げるもの以外の専有部分」に分かれており、第２号では「当該部分の床面積」とされているとおり、居住用超高層建築物の店舗等の部分は通常の区分所有家屋と同様に、補正率を乗じることなく按分計算されることとなる。

一方、同項第１号の「人の居住の用に供する専有部分」については、地方税法施行規則第15条の３の２第３項に定める計算式で補正した床面積を基に按分することとなる。当該計算式は「人の居住の用に供する専有部分の床面積× {100＋（10／39）×（人の居住の用に供する専有部分が所在する階－１)}」となっており、計算すると40階で１階の1.1倍の補正率が乗じられることとなる。

また、地方税法第352条第２項は、「区分所有に係る家屋のうち、建築基準法第20条第１項第１号に規定する建築物であつて～」とされているとおり、附属のゴミ庫等への適用は考慮外であり、同項第１号でも一部共用部分の床面積は人の居住の用に供する専有部分に加えるものの、「附属の建物であるものを除く」とされており、附属のゴミ庫等へは当該補正率は適用されるものではない。

さらに、地方税法施行規則第15条の３の２第３項の補正率では「人の居住の用に供する専有部分が所在する階」とされていることから、例えば１階～３階がすべて店舗で、４階以上が居住用の専有部分という家屋があった場

合、４階部分の専有部分には

床面積× ｛100＋（10/39）×（４－１）｝＝100.769…

という補正率を乗じることとなる。したがって、当該家屋では1.0という補正率を乗じる階は存在しないこととなる。

なお、当該補正率については平成30年度から新たに課税されることとなった居住用超高層建築物について適用する点についても留意が必要である。

【関連条文】

地方税法

（固定資産税の免税点）

第351条　市町村は、同一の者について当該市町村の区域内におけるその者の所有に係る土地、家屋又は償却資産に対して課する固定資産税の課税標準となるべき額が土地にあつては30万円、家屋にあつては20万円、償却資産にあつては150万円に満たない場合においては、固定資産税を課することができない。ただし、財政上その他特別の必要がある場合においては、当該市町村の条例の定めるところによつて、その額がそれぞれ30万円、20万円又は150万円に満たないときであつても、固定資産税を課することができる。

（区分所有に係る家屋に対して課する固定資産税）

第352条　区分所有に係る家屋に対して課する固定資産税については、当該区分所有に係る家屋の建物の区分所有等に関する法律第２条第３項に規定する専有部分（以下この条及び次条において「専有部分」という。）に係る同法第２条第２項に規定する区分所有者（以下固定資産税について「区分所有者」という。）は、第10条の２第１項の規定にかかわらず、当該区分所有に係る家屋に係る固定資産税額を同法第14条第１項から第３項までの規定の例により算定した専有部分の床面積の割合（専有部分の天井の高さ、附帯設備の程度その他総務省令で定める事項について著しい差違がある場合には、その差違に応じて総務省令で定めるところにより当該割合を補正した割合）により按分した額を、当該各区分所有者の当該区分所有に係る家屋に係る固定資産税として納付する義務を負う。

２　区分所有に係る家屋のうち、建築基準法第20条第１項第１号に規定する建築物であつて、複数の階に人の居住の用に供する専有部分を有し、かつ、当該専有部分の個数が２個以上のもの（以下この項において「居住用超高層建築物」という。）に対して課する固定資産税については、当該居住用超高層建築物の専有部分に係る区分所有者は、第10条の２第１項及び前項の規定にかかわらず、当該居住用超高層建築物に係る固定資産税額を、次の各号に掲げる専有部分の区分に応じ、当該各号に定める専有部分の床面積の当該居住用超高層建築物の全ての専有部分の床面積の合計に対する割合（専有部分の天井の高さ、附帯設備の程度その他総務省令で定める事項について著しい差違がある場合には、その差違に応じて総務省令で定めるところにより当該割合を補正した割合）により按分した額を、当該各区分所有者の当該居住用超高層建築物に係る固定資産税として納付する義務を負う。

一　人の居住の用に供する専有部分　当該専有部分の床面積（当該専有部分に係る区分所有者が建物の区分所有等に関する法律第３条に規定する一部共用部分（附属の建物であるものを除く。）で床面積を有するものを所有する場合には、当該一部共用部分の床面積を同法第14条第２項及び第３項の規定の例により算入した当該専有部分の床面積。次号において同じ。）を全国における居住用超高層建築物の各階ごとの取引価格の動向を勘案して総務省令で定めるところにより補正した当該専有部分の床面積

二　前号に掲げるもの以外の専有部分　当該専有部分の床面積

３　建物の区分所有等に関する法律第11条第２項又は第27条第１項の規定による規約（都市再開発法第88条第４項の規定によりみなされるものを含む。）により区分所有者又は管理者が所有する当該区分所有に係る家屋の建物の区分所有等に関する法律第２条第４項に規定する共用部分（以下この項及び次条において「共用部分」という。）については、当該共用部分を当該家屋の専有部分に係る区分所有者全員（同法第３条に規定する一部共用部分については、同法第11条第１項ただし書の区分所有者全員）の共有に属するものとみなして、前２項の規定を適用する。

地方税法施行規則

（法第352条第１項の割合の補正等）

第15条の３　法第352条第１項に規定する総務省令で定める事項は、仕上

部分の程度とする。

2　第7条の3第2項及び第3項の規定は、法第352条第1項に規定する建物の区分所有等に関する法律第14条第1項から第3項までの規定の例により算定した同法第2条第3項に規定する専有部分（以下この条から第15条の4までにおいて「専有部分」という。）の床面積の割合の補正について準用する。

3　前項の補正は、当該家屋の区分所有者（建物の区分所有等に関する法律第2条第2項に規定する区分所有者をいう。次条において同じ。）の全員が専有部分の天井の高さ、附帯設備の程度又は仕上部分の程度の差違に応じて協議して定めた補正の方法を当該市町村の条例で定めるところにより市町村長に申し出た場合において当該市町村長が当該補正の方法によることが適当と認めるときは、同項の規定にかかわらず、当該補正の方法により行うことができる。ただし、当該家屋に係る不動産取得税について第7条の3第4項の規定により道府県知事が当該補正の方法によることが適当と認めるものがある場合には、当該補正の方法により行うことができる。

（法第352条第2項の割合の補正等）

第15条の3の2　法第352条第2項に規定する総務省令で定める事項は、仕上部分の程度とする。

2　第7条の3第2項及び第3項の規定は、法第352条第2項に規定する同項各号に定める専有部分の床面積の居住用超高層建築物の全ての専有部分の床面積の合計に対する割合の補正について準用する。

3　法第352条第2項第1号に規定する総務省令で定めるところにより補正した専有部分の床面積は、同項に規定する居住用超高層建築物の全ての専有部分の床面積の合計から同項第2号に規定する専有部分の床面積の合計を控除して得た床面積に、次の算式により計算した同項第1号に規定する人の居住の用に供する専有部分に係る数値を当該居住用超高層建築物における全ての人の居住の用に供する専有部分に係る当該数値の合計で除した数値を乗じたものとする。

人の居住の用に供する専有部分の床面積×｛100＋（10／39）×（人の居住の用に供する専有部分が所在する階－1）｝

4　第2項の補正は、当該居住用超高層建築物の区分所有者の全員が専有部分の天井の高さ、附帯設備の程度又は仕上部分の程度の差違に応じて協議して定めた補正の方法を当該市町村の条例で定めるところにより市町村長に申し出た場合において当該市町村長が当該補正の方法によることが適当と認めるときは、同項の規定にかかわらず、当該補正の方法により行うことができる。ただし、当該居住用超高層建築物に係る不動産取得税について第7条の3の2第4項の規定により道府県知事が当該補正の方法によることが適当と認めるものがある場合には、当該補正の方法により行うことができる。

5　第3項の補正は、当該居住用超高層建築物の区分所有者の全員が当該居住用超高層建築物の各階ごとの取引価格を勘案して協議して定めた補正の方法（当該補正を行わないこととするものを含む。）を当該市町村の条例で定めるところにより市町村長に申し出た場合において当該市町村長が当該補正の方法によることが適当と認めるときは、同項の規定にかかわらず、当該補正の方法により行うことができる。ただし、当該居住用超高層建築物に係る不動産取得税について第7条の3の2第5項の規定により道府県知事が当該補正の方法によることが適当と認めるものがある場合には、当該補正の方法により行うことができる。

建築基準法

（構造耐力）

第20条

一　高さが60メートルを超える建築物　当該建築物の安全上必要な構造方法に関して政令で定める技術的基準に適合するものであること。この場合において、その構造方法は、荷重及び外力によつて建築物の各部分に連続的に生ずる力及び変形を把握することその他の政令で定める基準に従つた構造計算によつて安全性が確かめられたものとして国土交通大臣の認定を受けたものであること。

既存家屋の評価

§1　改築が行われた家屋の評価

1　固定資産税評価における改築の取扱い

固定資産税評価における改築の取扱いについて教えてください。

A

1. 建築基準法における家屋の改築等と固定資産税評価の関係

建築基準法における建築確認が必要な建築工事には、建築、大規模の修繕、大規模の模様替えがあり、その建築の工事種別には、新築、増築、改築及び移転がある。その工事種別と固定資産税における取扱いとの対応関係を図表４－１に示す。建築基準法における改築の多くは、一般的には建替えと呼ばれ、新築の一形態と考えられる。このように建築基準法における建築行為の区分と家屋評価における新築や増改築の区分は異なっていることが分かる。

図表４－１　建築基準法上の建築における工事種別の内容と固定資産税における取扱い

建築工事	工事種別	建築基準法上の内容	固定資産税における取扱い
建築	新築	･建築物のない土地に、新たに建築物を建築すること。	新築
	増築	･既存建築物に建て増しをする、又は既存建築物のある敷地に新たに建築すること。 ･既存建築物のある敷地内に別棟で建築する場合、建築物単位としては「新築」になるが、敷地単位では「増築」となる。	新築･増築
	改築	･建築物の全部又は一部を除却した場合、又は災害等により失った場合に、これらの建築物又は建築物の部分を、従前と同様の用途･構造･規模のものに建て替えること。	新築
	移転	･同一敷地内で建築物を移動すること。 ･別敷地へ移す場合は、移転先の敷地に対して新築又は増築となる。	新築･改築

2．地方税、評価基準における改築の取扱い

地方税法では改築の取扱いについて次のように定められている。

> 地方税法
> （土地又は家屋に対して課する固定資産税の課税標準）
> 第349条
> 2　基準年度の土地又は家屋に対して課する第二年度の固定資産税の課税標準は、当該土地又は家屋に係る基準年度の固定資産税の課税標準の基礎となつた価格で土地課税台帳等又は家屋課税台帳等に登録されたものとする。ただし、基準年度の土地又は家屋について第二年度の固定資産税の賦課期日において次の各号に掲げる事情があるため、基準年度の固定資産税の課税標準の基礎となつた価格によることが不適当であるか又は当該市町村を通じて固定資産税の課税上著しく均衡を失すると市町村長が認める場合においては、当該土地又は家屋に対して課する第二年度の固定資産税の課税標準は、当該土地又は家屋に類似する土地又は家屋の基準年度の価格に比準する価格で土地課税台帳等又は家屋課税台帳等に登録されたものとする。
> 一　地目の変換、家屋の改築又は損壊その他これらに類する特別の事情
> 二　市町村の廃置分合又は境界変更

在来分の家屋の改築が、課税上著しく均衡を失する場合は、改築後の家屋に類似する家屋に比準する価格で評価するということが読み取れる。

また、評価基準では次のように定められている。

> 評価基準　第２章第４節　経過措置　四
> 固定資産税に係る令和３年度における在来分の家屋の評価に限り、次に掲げるいずれかの低い価額によつてその価額を求めるものとする。ただし、令和３年１月１日において地方税法第349条第２項第１号に掲げる事情（損壊その他これに類する特別の事情を除く。）がある家屋で、当該事情が令和２年１月２日以降に生じたものについては次の１によつてその価額を求めるものとする。
> １　第１節から本節二までによつて求めた家屋の価額

2　当該家屋の令和２年度の価額（令和２年度の家屋課税台帳又は家屋補充課税台帳に価格として登録されたものをいう。）

改築された家屋は、評価基準第２章第１節から第４節二までによる評価をすること、つまり新増分と同様の家屋評価を行うということが読み取れる。

地方税法や評価基準では、改築に該当した場合の評価方法が記載されており、改築の定義や具体的な施工範囲等についての記載はない。

３．固定資産税における改築の定義

地方税法、評価基準以外で示されている改築の定義や具体的な施工範囲を確認し、具体的な固定資産税における改築の判断について確認する。

固定資産税における改築の定義は次のとおりとなる。

逐条解説160頁

家屋の「改築」とは、家屋の主要構造部である壁、柱、床、梁、屋根、天井、基礎又は建築設備等について行われた更新で、その更新のための支出が簡単な修理、修繕等のためではなく、資本的支出と認められるものをいう。

不動産取得税における改築の定義は次のとおりとなる。

地方税法

（不動産取得税に関する用語の意義）

第73条

八　改築　家屋の壁、柱、床、はり、屋根、天井、基礎、昇降の設備その他家屋と一体となつて効用を果たす設備で政令で定めるものについて行われた取替え又は取付けで、その取替え又は取付けのための支出が資本的支出と認められるものをいう。

地方税法の施行に関する取扱いについて（道府県税関係）第５章第１二

（４）　改築については、通常の修繕は含まれない趣旨であるが、その認定に

当たっては、次の事項に留意すること。（法73Ⅷ）

ア　家屋の「壁、柱、床、はり、屋根、天井、基礎、昇降の設備」には間仕切壁、間柱、附け柱、揚げ床、最下階の床、廻り舞台の床、小ばり、ひさし、局部的な小階段、屋外階段その他これらに類する家屋の部分も含まれるものであること。

固定資産税、不動産取得税の改築の定義より、対象部位と施工規模についてまとめることができる。

対象部位については、壁（間仕切壁含む）、柱（間柱、附け柱含む）、床（揚げ床、最下階の床含む）、梁（小梁含む）、屋根（庇含む）、天井、基礎、階段（局部的な小階段、屋外階段含む）又は建築設備等の更新と読み取ることができる。

施工規模については、簡単な（通常の）修理、修繕ではない資本的支出となるものが改築と読み取ることができる。

2　再評価が必要な改築

再評価が必要な改築について教えてください。

1．改築の具体的な範囲

評価センターのH23年度家屋研報告書※を参考に不明な点についての考え方を確認し、再評価を必要とする改築について整理をする。

H23年度家屋研報告書57、58頁において記載されている改築の判断基準を要約すると、次のとおりとなる。

（1）「改築」と「修繕」の判断は、工事の内容、規模、家屋の耐久性や価値を増加させるものであるかを総合的に考慮して判断する。
（2）図表4－2より、構造部分を含む改変、含まない改変によって改築と修繕が区分されており、構造部分を含まない改変の内、家屋の機能・価値の水準、使用可能年数の維持、回復を図ったものについては、修繕に該当する。
（3）「仕上材の貼替え」については、「修繕」に該当するものとしているが、家屋の耐久性や価値を増加させる場合は、家屋の価値の水準向上を図ったものとして、「改築」とすることが適当であると考えられる。

※　家屋に関する調査研究 －改築家屋の評価について－平成24年3月

図表４－２　「改築」と「修繕」についての整理（イメージ）

構造＼改変内容	構造部分を含む改変	構造部分を含まない改変
木造家屋	・基礎、柱・壁体、小屋組等の資材交換・追加 ・間取りの変更 ・建具、建築設備等の新設	・屋根部分の防水工事、外壁塗装工事、仕上材の貼換え
	（家屋機能・価値の水準向上を図ったもの）	（家屋機能・価値の水準、使用可能年数の維持、回復を図ったもの）
非木造家屋	（想定される場合は少ない）	・屋根部分の防水工事、外壁塗装工事、仕上材の貼換え
		（家屋機能・価値の水準、使用可能年数の維持、回復を図ったもの）
		・間取りの変更、建具、建築設備などの新設
		（家屋機能・価値の水準向上を図ったもの）

→修繕に該当（構造部分を含まない改変のうち、家屋機能・価値の水準、使用可能年数の維持、回復を図ったもの）

↓改築に該当（構造部分を含む改変及び非木造家屋の間取りの変更、建具、建築設備などの新設）

出典　H23年度家屋研報告書に基づき作成

2．再評価が必要な改築の判断

前述１の（１）～（３）の判断基準より、再評価が必要な改築についてまとめる。

対象部位については、工事の内容、規模、家屋の耐久性や価値を増加させるものであるかが改築の判断基準として重要であり、家屋の部位について限定的な範囲を示していないことが分かる。

また、再評価を行う改築の判断として、地方税法第349条第２項第１号の「特別の事情」に該当する改築の程度は次のとおりとなる。

逐条解説159頁

「地目の変換、家屋の改築又は損壊その他これらに類する特別の事情」とは、（中略）家屋にあっては、改築、損壊、増築、大規模な附帯設備の更新又は除去等当該家屋の価値に大幅の増減を来した場合をいう。

価値の増加に対する判断は、「大幅の増減」について具体的な判断基準が必要となっている。また、「大幅の増減」の判断については次のとおりとなる。

地方税法　第349条第２項　抜粋

基準年度の固定資産税の課税標準の基礎となつた価格によることが不適当であるか又は当該市町村を通じて固定資産税の課税上著しく均衡を失すると市町村長が認める場合

この場合に該当する改築について再評価が必要と判断することができる。

以上のことから、改築の定義は家屋の部位にかかわらず、工事の内容、規模、家屋の耐久性や価値を増加させるものであることが分かり、再評価が必要な改築としては、市町村の課税上の均衡を考慮し、家屋の価値に大幅の増減を期したと判断される改築家屋について評価が必要ということが分かる。

なお、大幅の増減の判断については、各市町村による判断が必要となるため、市町村内における統一的な判断基準が必要となる。

3　改築の評価方法

改築の具体的な評価方法を教えてください。

1．再建築費評点数の算出

H23年度家屋研報告書66頁より、改築家屋の評価方法について基本的な考え方が記載されている。

『改築が行われた部分について撤去等に相当する評点数を控除し、取替え・取付け等に相当する評点数を加算』についてイメージ図と、再建築費評点数の算出、滅失分の控除を考慮するための式を図表4－3に示す。特に、改築時の部分的な撤去を行うことが多いため、滅失分の控除については注意が必要である。

図表4－3　改築が行われた場合の再建築費評点数算出の概要

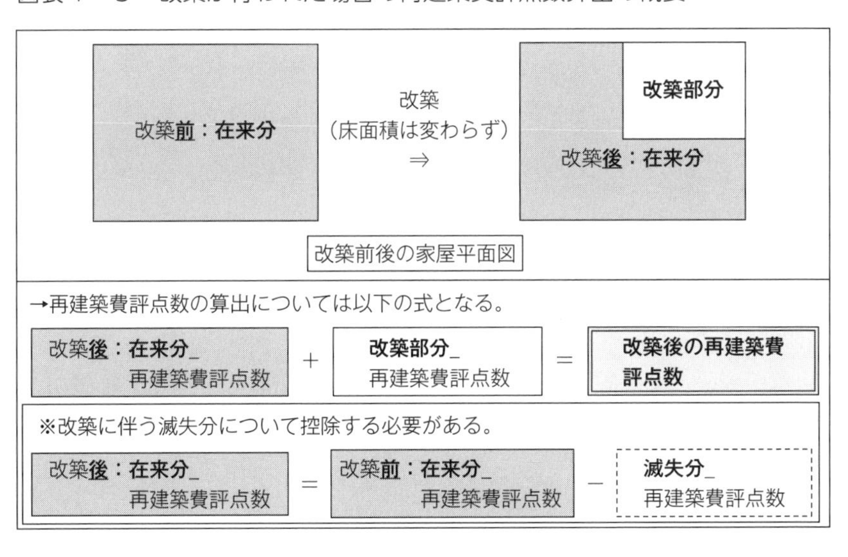

また、算出例として平成18年に新築された家屋が、令和３年に改築された場合の評価について再建築費評点数の算出を図表４－４に示す。

図表４－４　平成18年築の家屋において令和３年で改築が行われた場合の再建築費評点数算出

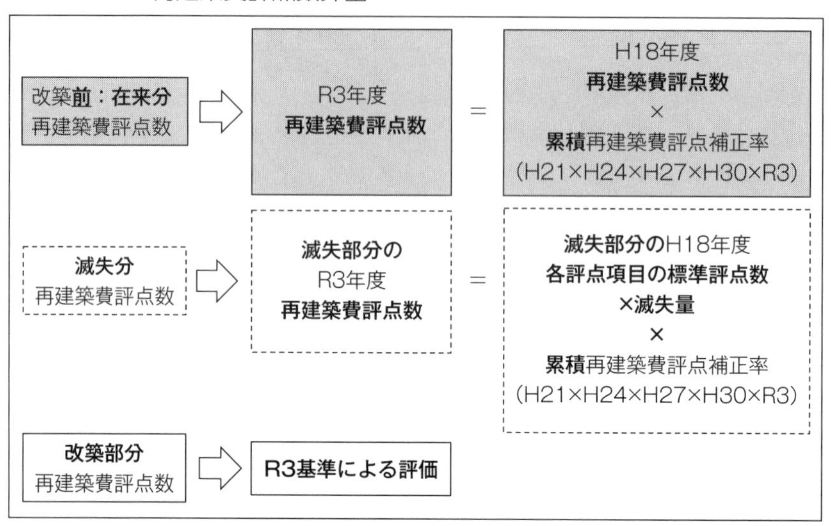

「評価基準第２章第４節経過措置四」では、改築された家屋は、新増分と同様の家屋評価を行うとあるが、改築部分のみ新増分同様の評価を適用することが、その他の家屋との課税上の均衡において適切と考えられる。

２．経年減点補正率の適用

H23年度家屋研報告書66頁より、改築家屋の評価方法に基本的な考え方が記載されている。

『改築部分と既存部分ごとに求めた経年減点補正率に、それぞれの部分の再建築費評点数が当該家屋全体の再建築費評点数に占める割合を乗じて得た率を合計して得た率（K）を改築された家屋一棟に適用する。』について図表４－５に示す。

図表4－5　改築が行われた家屋の経年減点補正率（K）算出

$$K = K① \times \frac{S①}{K① + S②} + K② \times \frac{S②}{S① + S②}$$

K：当該家屋全体の再建築費評点数に占める割合を乗じて得た率を合計して得た率

S① 改築**後：在来分**_再建築費評点数	**S②** **改築部分**_再建築費評点数
K① 改築**後：在来分**_経年減点補正率	**K②** **改築部分**_経年減点補正率

H23年度家屋研報告書の計算例では、Kの値から改築後の家屋に適用する経年減点補正率表より、最も近い値でKの値以下（直近下位）となる値を改築後の家屋の経年減点補正率として採用している。

4　改築の評価の留意点

Q　改築評価の注意点を教えてください。

A

1．再建築費評点基準表の適用

改築後の家屋に用途変更がある場合、既存の家屋部分についても用途変更が行われることがある。既存家屋の用途の変更を行ったために、再建築費評点基準表の適用も変更され、再評価が必要と考えるかもしれないが、当該家屋の「本来の構造（評価基準第２章第２節二１（１)」にて評点付設されていればよいため、適用の変更は必要ないと考える。

> 評価基準　第２章第２節 二１（１）
> 各個の木造家屋の構造の相違に応じ、当該木造家屋について適用すべき木造家屋評点基準表を定める場合においては、その使用状況のいかんにかかわらず、当該木造家屋の本来の構造によりその適用すべき木造家屋評点基準表を定めるものとする。
> (非木造についても同様)

2．経年減点補正率基準表の適用

改築による用途変更により、複合用途となる場合がある。その家屋の経年減点補正率基準表の適用の考え方については、改築後の一棟全体の用途の割合から、主たる用途を判断し、適用することが考えられる。実務提要2125・83頁の次の内容が参考となる。

> 経年減点補正率の取扱いについて（388）
> 問　一棟の建物の中に、共同住宅、事務所、店舗がある場合の経年減点補正率の取扱いは次のいずれによるのが適当か。
> 一　一棟の中で占める割合が多い住宅、アパート用建物に適用すべき経年減

点補正率による。
二　共同住宅、事務所、店舗と別々の経年減点補正率を用いる。

答　主たる用途が住宅と思われるので、一によって決定することが適当である。
　ただし、主たる用途の経年減点補正率を適用することが、評価、課税の均衡上問題があり、当該家屋の態様により、用途別に区分して経年減点補正率を適用することが、当該市町村の評価、課税の均衡上必要であると市町村長が判断する場合は、二により用途別に分けて経年減点補正率を適用する取扱いをして差し支えない。

3．建築基準法における修繕と模様替えの固定資産評価における取扱い

建築物を建築等する場合は、建築主事等に対してその計画が建築基準法及び同施行令、消防法等の建築基準関係規定に適合している旨の確認の申請を行う必要がある。その確認申請を必要とする建築物の大規模の修繕、大規模の模様替えの工事内容について図表４－６に示す。

図表４－６　建築基準法上の建築工事と工事内容

建築工事	工事の内容
建築	・建築基準法上、建築とは、建築物を新築、増築、改築又は移転することをいう。
大規模の修繕	・修繕とは、経年劣化した建築物の部分を、既存のものと概ね同じ位置に概ね同じ材料、形状、寸法のものを用いて原状回復を図ることをいう。 ・大規模の修繕とは、修繕する建築物の部分のうち、主要構造部（壁、柱、床、はり、屋根又は階段）の一種以上を、過半（1/2 超）にわたり修繕することをいう。
大規模の模様替え	・模様替えは、建築物の構造・規模・機能の同一性を損なわない範囲で改造することをいう。一般的に改修工事などで原状回復を目的とせずに性能の向上を図ることをいう。 ・大規模の模様替えとは、模様替えをする建築物の部分のうち、主要構造部（壁、柱、床、はり、屋根又は階段）の一種以上を、過半（1/2 超）にわたり模様替えをすることをいう。

建築基準法の修繕と模様替えの内容より、大規模の修繕と大規模の模様

替えにおける固定資産税上の取扱いを説明する。

ア．大規模の修繕

修繕の定義として原状回復を図るものが対象となり、過半にわたる修繕を行う場合は、大規模の修繕として確認申請が必要となる。原状回復を図るものは固定資産税において改築とみなさないため、評価対象とならない可能性がある。

イ．大規模の模様替え

模様替えの定義として性能の向上を図るものが対象となり、過半にわたる模様替えを行う場合は大規模の模様替えとして確認申請が必要となる。性能の向上を図るものは固定資産税において改築として扱うため、評価対象となる可能性がある。

建築確認が行われる場合は、建築確認を管理する部署との連携が取れていれば、通知を受け取ることができ、評価対象となりえる家屋を把握することができる。その場合の改築評価の注意点としては、大規模の修繕や模様替えによって建築確認がなされた家屋であっても、実際の施工状況等を確認し、評価対象の判断を行うことが適切と考える。

§2　再建築費評点補正率

1　基準年度ごとの評価の仕組み

Q　基準年度ごとの評価はどのような仕組みとなっていますか。

A　評価基準による家屋評価は再建築費を基準として評価する方法で、再建築価格方式が採用されている。この方法は、評価の対象となった家屋と同一のものを評価の時点において、その場所に新築するものとした場合に必要とされる建築費を再建築費として評価する方法となる。当該再建築費に当該家屋の時の経過によって生ずる損耗の状況による減価を考慮し、必要に応じてさらに需給事情による減価を考慮することで家屋の評点数を算出し、評点一点当たりの価額を乗じることで家屋の評価額を算出することができる。

実際の建築費は常に変動しているため、建築時期が異なれば同じ家屋を建築する場合でも建築費に差が生じる可能性がある。しかし、評価基準による家屋評価は、基準年度ごとの標準評点数により家屋を評価するため同一の評価水準となり、基準年度から次の基準年度までの間は竣工時点の相違による評価の差はないこととなる。参考として図表４－７に国土交通省による建設工事費デフレーターによる各家屋の物価水準と家屋の評価水準のイメージを示す。

図表４－７　建設工事費デフレーターによる物価水準と評価水準のイメージ

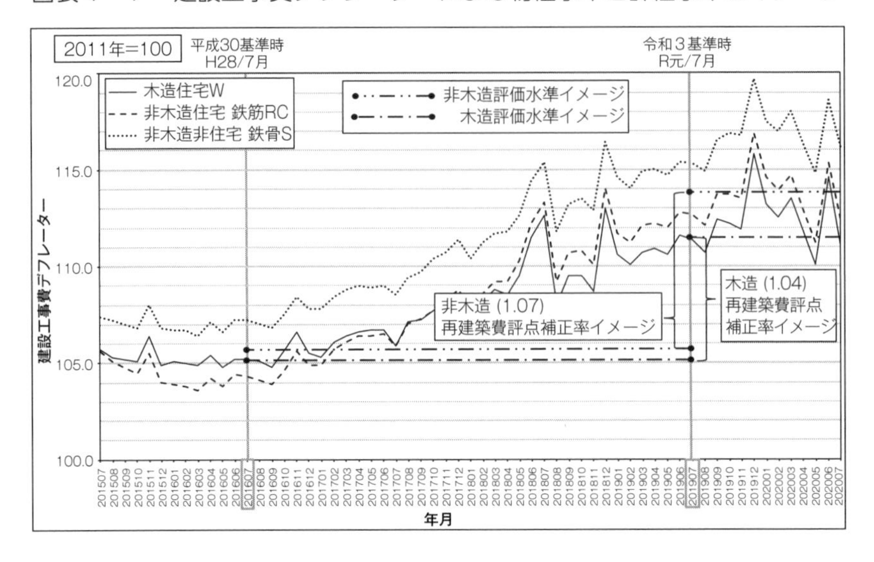

図表４－７内の２種類の鎖線は木造家屋と非木造家屋の評価水準のイメージを示すもので、物価の変動により建築費が高くなる場合でも、基準年度から次の基準年度までの間においては一定の評価水準による評価が行われている。

なお、物価水準については家屋評価の対象とならない資材についても扱っているため実際の建築費とは異なる場合があることに留意する必要がある。

固定資産税評価は再建築価格方式を採用しているため、基準年度評価替えから次の基準年度評価替えまでの３年間であれば、同一市町村内の同一の家屋は原則として同一の再建築費評点数となる。しかし、仮に取得価格を基に評価してしまうと、図表４－７のように基準年度評価替えから次の基準年度評価替えまでの３年の間でも物価水準が上下している場合、物価水準が高い時期に新築したのか、低い時期に新築したのかにより評価額及び税額が異なることとなり、課税の公平に反することとなる。

2　再建築費評点補正率の役割

再建築費評点補正率はどのような役割をしていますか。

評価基準における再建築費評点補正率は以下のように規定されている。

評価基準第２章第２節
四　在来分の木造家屋に係る再建築費評点数の算出方法
　在来分の木造家屋に係る再建築費評点数は、次の算式によつて求めるものとする。ただし、当該市町村に所在する在来分の木造家屋の実態等からみてこの方法によることが適当でないと認められる場合又は個々の在来分の木造家屋に地方税法第349条第２項各号に掲げる事情があることによりこの方法によることが適当でないと認められる場合においては、２又は３によつて再建築費評点数を求めることができるものとする。
（算式）
　再建築費評点数＝基準年度の前年度における再建築費評点数
　　　　　　　　　×再建築費評点補正率
１　基準年度の前年度における再建築費評点数は、前基準年度に適用した固定資産評価基準第２章第１節、第２節及び第４節一によつて求めたものをいう。
２　再建築費評点補正率は、基準年度の賦課期日の属する年の２年前の７月現在の東京都（特別区の区域）における物価水準により算定した工事原価に相当する費用の前基準年度の賦課期日の属する年の２年前の７月現在の当該費用に対する割合を基礎として定めたものである。

また、非木造家屋についても評価基準第２章第３節四にて同様に規定されている。

なお、参考として令和３基準年度の再建築費評点補正率の値については以下で規定されている。

> 評価基準第２章第４節二
> １　第２節四に定める再建築費評点補正率（木造家屋）1.04
> ２　第３節四に定める再建築費評点補正率（非木造家屋）1.07

このように在来分の家屋に係る再建築費評点数を算出するための補正率となっており、評価基準により再建築費評点補正率の数値が決められている。そして、市町村長は地方税法第403条により評価基準によって家屋の評価額を決定しなければならないこととされている。

在来分の家屋の再建築費評点数は、竣工時ではなく評価時点において再建築をした場合の評点を算出するため、前基準年度から今基準年度までの３年間の物価水準の変動を反映する必要がある。

前設問において図表４－７に平成30基準年度と令和３基準年度との評価水準差を再建築費評点補正率のイメージとして示している。令和３基準年度評価替えにおいて物価水準を反映させた在来分の家屋の評価が行えるように、再建築費評点補正率は同じ鎖線間の物価水準差を是正しており、平成30基準年度時の再建築費評点数に再建築費評点補正率を乗じることで在来分と新増分の家屋の評価水準格差を是正する役割を担っている。

3　再建築費評点補正率の根拠

再建築費評点補正率の根拠について教えてください。

令和３基準年度評価替えの再建築費評点補正率については、令和元年７月の物価水準により算定した工事原価に相当する費用に対する平成28年７月の同様の費用の割合を基礎として算定されている。

工事原価に相当する費用の算出については、建築費の指標として一般的に使用されている「標準建築費指数」「建設工事費デフレーター」「建設物価・建築費指数」が参考になる。

しかし、家屋の評価に含まれない資材を扱う物価指数や、家屋の用途により使用される資材が異なるため、市町村の協力を得て総務省が実施する「再建築費評点補正率算定に係るサンプル調査結果」を行うことにより、令和３基準年度の再建築費評点補正率の試算が行われている。

令和３基準年度評価替えに向けたサンプル調査の概要は、令和元年７月時点の資材費、労務費を反映した再建築費評点基準表による評点数と、平成30基準年度の評点数を比較し、各家屋の変動率の平均を算出することにより、再建築費評点補正率の試算をしている。

図表４－８に総務省より公表されている再建築費評点補正率の算定に係るサンプル調査結果を示す。平成30基準年度評価替えの評価基準で評価された家屋を全国より2,012棟抽出し、令和元年７月時点の再建築費評点基準表に置き換えて評価した評点数による変動率の平均は、木造家屋で1.049、非木造家屋で1.076となっている。再建築費評点補正率の試算は、変動率を小数点第３位で切り捨てを行い、木造家屋で1.04、非木造家屋で1.07となる。

図表4－8　再建築費評点補正率の算定に係るサンプル調査結果

構造	調査棟数	変動率の平均 (R3基準/H30基準)	再建築費評点補正率
木造家屋	503	1.049	1.04
非木造家屋	1,509	1.076	1.07
合計	2,012	-	-

以上の各物価指数と試算された補正率について、令和２年９月上旬の地方財政審議会固定資産評価分科会で審議され、パブリックコメントに付されたのちに令和２年11月上旬に告示して決定されている。

4　木造家屋と非木造家屋の再建築費評点補正率が異なる理由

なぜ木造家屋と非木造家屋の再建築費評点補正率に差があるのか教えてください。

A　木造家屋の主体構造部は木材を使用するが、非木造家屋の主体構造部は鉄骨造であれば鋼材、鉄筋コンクリート造であればコンクリートと鉄筋が使用される。木造家屋と非木造家屋では主体構造部を代表に各部分別においても異なる資材を使用する場合があり、経済状況等により各資材の価格が影響を受け、建築費の変動も異なることがある。

図表４－９に東京における公共工事労務費単価の動向と、木造家屋と非木造家屋の代表的な資材費の動向を示す。

図表４－９　公共工事労務費単価の動向（東京都）

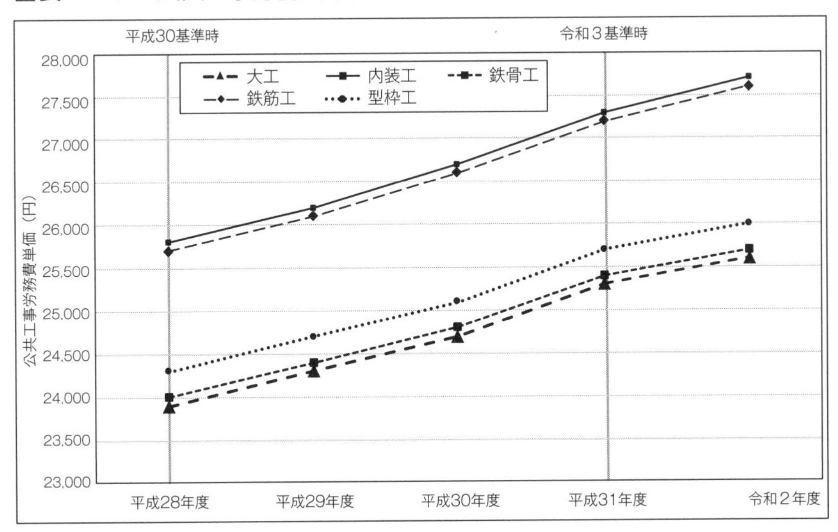

図表４－10　資材費の動向

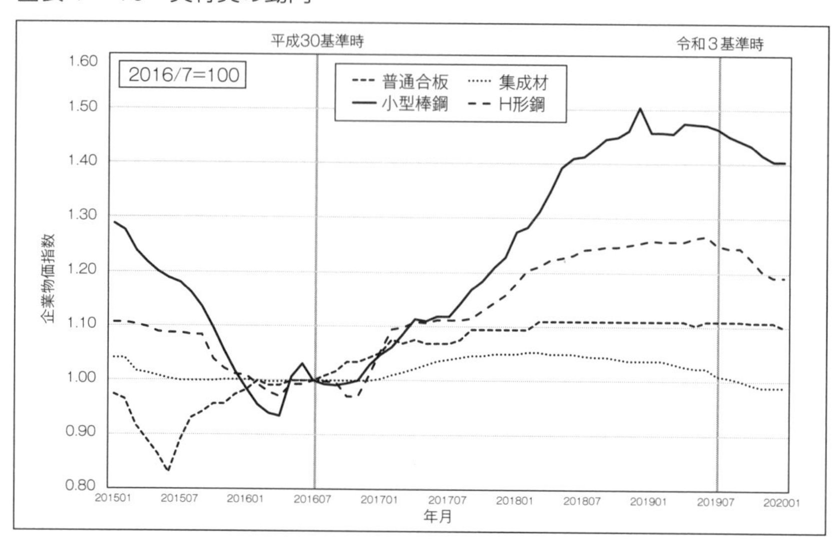

図表４－10により、全体的に労務費の単価が上がっていることが分かる。代表的な資材費は、木造家屋は普通合板と集成材、非木造家屋は小形棒鋼（主に鉄筋）、H形鋼について示している。資材費についても全体的に上がっているが、特に非木造家屋の資材費が木造家屋の資材費の変動率を上回っている。

以上のことから、令和３基準年度評価替えの再建築費評点補正率は1.00以上の値となり、非木造家屋が木造家屋の補正率を上回る結果となっている。

5　再建築費評点補正率の創設の経緯

再建築費評点補正率の創設の経緯を教えてください。

評価基準が制定された昭和39年度以降では、基準年度評価替えにおける在来分の家屋の再建築費評点数の算出方法として「乗率比準評価」が採用されていた。

その後、平成9基準年度評価替えまでは、評価基準に在来分の家屋の評価について特段の規定は設けられていなかったが、依命通達により、市町村長が定めた標準家屋の評点数の変動割合を比準の対象となる家屋に乗じて求める方式（乗率比準方式）によることができるとされていた。当該乗率比準方式における乗率の求め方は、家屋を構造、用途、規模等の別に区分し、区分ごとに乗率を求める方法となる。そして、地方分権一括法の施行に伴い、依命通達が廃止された。

平成12基準年度評価替えでは、在来分の家屋の評価方法が評価基準に明記され、乗率比準方式が原則とされた。ただし、全国一律の乗率を示すことも検討されたが実施はされなかった。この乗率比準方式は、近隣市町村との均衡が図りにくいこと、標準家屋の選定や確保が困難であること、職員の事務負担が大きいことが課題としてあった。

平成15基準年度評価替えからは、各市町村で独自に定めた乗率で行うことは、適正かつ均衡のとれた家屋評価を実現する観点や事務負担の面から適当ではないため、現在の評価基準と同様となる全国一律の乗率として再建築費評点補正率が評価基準に明記された。なお、家屋の実態等からみて再建築費評点補正率を乗じる方法によることが適当ではないと認められる場合又は改築、損壊等の事情があるために再建築費評点補正率を乗じる方法による評価替えが適当でないと認められる場合においては、新築家屋を評価する場合と同様に部分別評価又は比準評価の方法によって基準年度の再建築費評点補正率を求めることができるものとされている。

参考として図表４－11に平成15基準年度から令和３基準年度の再建築費評点補正率を示す。

図表４－11　再建築費評点補正率表

年度	再建築費評点補正率	
	木造	非木造
平成15年度	0.96	0.96
平成18年度	0.98	0.95
平成21年度	1.03	1.04
平成24年度	0.99	0.96
平成27年度	1.06	1.05
平成30年度	1.05	1.06
令和３年度	1.04	1.07

6　基準年度評価替えによる家屋の評価額

家屋の築年数が増えることによって評価額が下がるイメージがありますが、基準年度評価替えにより家屋の評価額が下がらないことはありますか。

評価基準では在来分の家屋の評価に対して経過措置があり、令和３基準年度評価替えの経過措置として以下のように規定されている。

> 評価基準第２章第４節
>
> 四　固定資産税に係る令和３年度における在来分の家屋の評価に限り、次に掲げるいずれかの低い価額によつてその価額を求めるものとする。ただし、令和３年１月１日において地方税法第349条第２項第１号に掲げる事情（損壊その他これに類する特別の事情を除く。）がある家屋で、当該事情が令和２年１月２日以降に生じたものについては次の１によつてその価額を求めるものとする。
>
> １　第１節から本節二までによつて求めた家屋の価額
>
> ２　当該家屋の令和２年度の価額（令和２年度の家屋課税台帳又は家屋補充課税台帳に価格として登録されたものをいう。）

このように評価基準では経過措置による在来分の家屋の評価の求め方が定められており、前年度の評価額を上回ることはない。

基準年度評価替えによる家屋の評価額は、需給事情による減点補正率、物価水準による補正率、設計管理費等による補正率が基準年度評価替え前後で同じとする場合、家屋の評価額に大きな影響を与える補正率は、再建築費評点補正率と経年減点補正率となる。図表４－12に令和３基準年度評価基準による家屋評価額の算出フローを示す。

図表４－12　令和３基準年度評価基準による家屋評価額の算出フロー

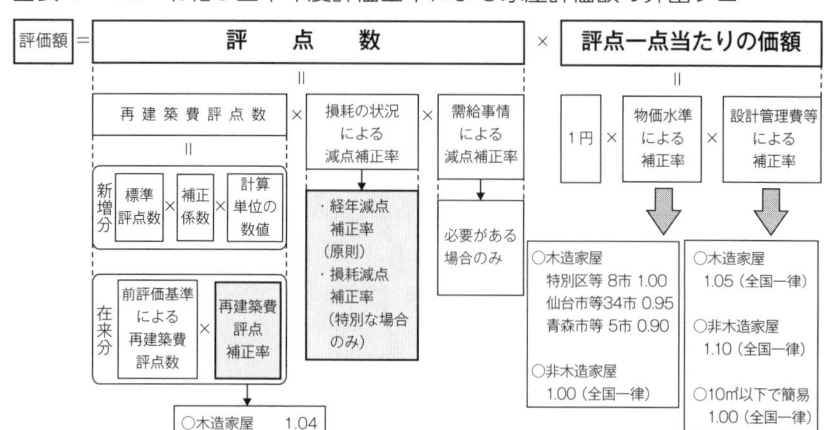

経年減点補正率は、通常の維持管理を行うものとした場合において、その年数の経過に応じて通常生ずる減価を基礎として定めたもので、経過年数ごとに補正率が下がり基準年度ごとに考慮される仕組みとなっている。再建築費評点補正率は物価水準の変動を反映する目的があるため、物価水準の動向により補正率は増減することになる。

一般的なイメージとして、家屋の価値は年数が経過すると下がり、家屋の評価額についても下がると思われていると推察される。しかし、物価水準が高くなることにより、適用される経年減点補正率による減価分以上の上昇率を示す再建築費評点補正率となる場合は、評価額が経過措置により据え置きとなり、家屋についての固定資産税が前基準年度より下がらないことがある。

図表４－13に東京都内の事務所で鉄筋コンクリート造である非木造家屋（初年度の再建築費評点数は1,000,000点）を例として、評価額の試算を示す。

図表4－13　事務所で鉄筋コンクリート造である非木造家屋の評価額試算例

年度	経年	前年度再建築費評点数	再建築費評点補正率	今年度再建築費評点数	経年減点補正率	評点数	評点一点当たりの価額	算出額	評価額
-	-	A	B	C=A×B	D	E=C×D	F	G=E×F	H
平成24年度	1	-	-	1,000,000	0.9877	987,700	1.10	1,086,470	**1,086,470**
平成27年度	4	1,000,000	1.05	1,050,000	0.9508	998,340	1.10	1,098,174	**1,086,470**
平成30年度	7	1,050,000	1.06	1,113,000	0.9138	1,017,059	1.10	1,118,765	**1,086,470**
令和3年度	10	1,113,000	1.07	1,190,910	0.8769	1,044,308	1.10	1,148,739	**1,086,470**

図表4－13より、平成23年中に建築され、平成24年に初めて課税された家屋の場合、平成24年の評価に適用される経年減点補正率は0.9877となる。そして、翌基準年度評価替えの平成27年の評価に適用される経年減点補正率は0.9508となるが、平成27基準年度評価替えによる再建築費評点補正率が1.05となることから、経年減点補正率による下落分よりも再建築費評点補正率による上昇分が上回る結果、経過措置による据え置きにより1年目の評価額と変わらない結果となる。試算例では令和3年度においても評価額が据え置きとなっていることが分かる。

家屋の評価額は、年数が経過すると下がると思われるが、物価水準の動向により、評価額は低くなるのではなく据え置きとなる場合がある。よって、家屋の固定資産税が下がらない場合があることに留意する必要がある。

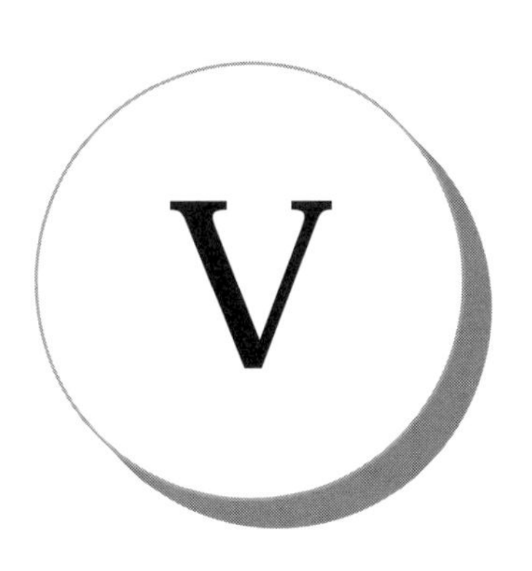

他の固定資産（土地・償却資産）との関連

1　家屋の評価と土地の地目認定との関係

Q　家屋の評価を行うにあたって、同じ固定資産である土地や償却資産の評価、また土地の課税標準の特例である住宅用地の特例にも影響を及ぼす場面が考えられます。これについて、まずは土地の地目の認定との関係について教えてください。

A

1．地目の認定

地目の認定について、評価基準第1章第1節一では、「現況及び利用目的に重点を置き、部分的に僅少の差異の存するときであつても、土地全体としての状況を観察して認定する」とされている。また、宅地とは、「建物の敷地及びその維持若しくは効用を果たすために必要な土地（不動産登記事務取扱手続準則第68条第3号）」とされていることから、部分的僅少の差異の問題など、例外はあるものの、原則は建物の敷地が宅地となる。

そして、後述のとおり固定資産の家屋とは登記簿に登記されるべき建物をいうことから、原則としては、固定資産税の家屋評価対象の物件の敷地が宅地と考えてよい。

土地基準解説20頁においても、実地調査の際の資料として「⑦　家屋と土地の課税台帳を照合した結果、家屋の敷地と考えられるが宅地として評価されていない土地」が挙げられているとおり、家屋評価と土地評価の整合について留意する必要がある。ただし、土地基準解説同頁では「家屋の建築が可能な土地」も宅地に認定できるとされていることから、家屋の敷地ではない土地を宅地と認定していた場合に、即座にそのことを理由として地目の認定が誤りとなるわけではない。

また、「家屋の建築が可能な土地＝更地」は、その他の雑種地に地目の認定がされる場合も考えられるが、その他の雑種地は付近の土地から比準することになるため、造成等が不要であれば付近の宅地と同等の評価額になることも考えられる。このように、評価額という観点からは、必ず宅地がその他の雑種地の上位にくるわけではなく、同等になるケースも考えられる。

なお、「敷地」とは、建築基準法施行令第１条第１項第１号の規定によれば、「一の建築物又は用途上不可分の関係にある二以上の建築物のある一団の土地をいう。」とされている。したがって、用語の使用にあたって、更地は「敷地」ではないことに留意が必要である。

２．家屋の認定

地方税法上、家屋の意義は明確にされていないものの、「地方税法の施行に関する取扱いについて（市町村税関係）」第３章第１節第１二において、「家屋とは不動産登記法の建物とその意義を同じくするものであり、したがって登記簿に登記されるべき建物をいうものであること。」とされている。

このことから、不動産登記規則第111条より、①外気分断性、②土地定着性、③用途性の三要件を満たすことが求められる。

すなわち、当該三要件を満たす物件が存在した場合に、その敷地は宅地となるものであるが、特に土地定着性に悩む場面が多い。これに関連して、「Q&A表示に関する登記の実務　第２巻」（日本加除出版）209～210頁では、次のような記述がある。

第2巻　209頁~210頁

問　仮設小屋などで定着性がない建物は登記の対象とはならないが、電気、水道の設備があり、炊事場があって床面積は15平方メートル程度の建物が建築されている土地の地目は、宅地と認定することができるか。

答　原則として、宅地と認定することはできないと解する。

【解説】宅地についての定義は不動産登記法に明文の規定はなく、準則に規定されている。それによると「建物の敷地及びその維持若しくは効用を果たすために必要な土地」と定義されている（準則68条3号）。したがって、宅地の概念は、原則として建物の存在を前提にしたものであることが理解される。
～中略～

この場合の建物の意味は、登記能力のある建物（屋根及び周壁又はこれらに類するものを有し、土地に定着した建造物であって、その目的とする用途に供し得る状態にあるもの（規則１１１条））のほか、不動産登記法上の建物と認められないものであっても、耕作地の区域内にある農具小屋等の敷地は、その建物が永久的設備と認められる場合には、その敷地の区域に属する部分だけ宅地とされ（準則69条３号）、またガスタンク、石油タンクのように大規模なものであって、かつ、永続的に存置されることがそのものの性質である場合には、その敷地も宅地とするとされている。（同条10号）

設問の仮設小屋は、たとえ屋根や周壁を有し電気、水道等の設備があり、人が十分に生活でき得るようなものであっても、工事現場の仮設小屋のように、設置した当初の目的を終えれば撤去されるか、他の場所へ移される性質のものについては、土地への定着性がないため登記能力がなく、不動産登記法上における「建物」に該当しないことが明白である。しかも、前述の永久的設備と認められる農具小屋又は石油タンク等とは異なり、仮設小屋は永続的に存在するものではないことから、その敷地については、宅地と認定することは消極に解するのが相当であろう。

このように、不動産登記においては、設置されている物件の性質に着目して、「建物」に該当するか判断される。

また、当該文献によると、この他にも類似のケースとして、現金自動支払機を収納している3.3㎡の建造物は、よほどの特別の事情がない限り、登記能力のある建物とは認められないことについても記載されている（第４巻61～63頁）。このことから、建造物の規模も家屋の認定にあたり、大きく影響すると考えられる。

以上より、特に定着性に留意して家屋の認定を行い、土地の地目の認定については、家屋の認定に留意する必要がある。

2　土地と家屋の評価の整合性を図る際の留意点

土地の評価と家屋の評価の整合性を図る際、留意する点があれば教えてください。

A　土地と家屋が物理的に接する部分は、通常は家屋の基礎である。当該基礎について、家屋の評価に含まれる範囲を正しく理解することは、固定資産（土地及び家屋）全体での評価の均衡につながる。そのため、基礎の範囲を理解することは非常に重要となる。

1．地盤改良と地域要因

実務提要2161・65頁では、杭打地業について以下のとおり記されている。

杭打地業における地点補正の制限について

問　評価基準では、非木造家屋の杭打地業の増点補正の係数を最高限のものと限定しているが、これでは正確な再建築費が算出されない結果になるのではないか。

答　杭打地業は、家屋の重量を支えられる地盤とするための地盤改良という面もあるが、家屋を建築するために、必要となるものであるから、家屋と構造上一体となっているものは、杭打地業として、家屋に含めて評価されるものである。しかし、同じ家屋であっても、地盤が良いために普通の杭打地業を施工した場合と、地盤が悪いために相当量の杭打地業を施工した場合とで施工量に大きな差があるとき、そのまますべての杭について評価すると評価額に大きな開きが出ることとなる。家屋そのものではなく、地盤の良悪に起因し、地盤改良としても考えられるものを、すべて評価に含めることは適当ではないことから、増点補正の係数を最高限のものとして定めているものである。

このように、家屋の評価では、家屋と構造上一体となっていても、増点補正の最高限を超えた部分は家屋の評価に含めないこととされている。

一方、土地の評価では、不動産鑑定評価基準第３章第３節の個別的要因のなかに「地勢、地質、地盤等」が挙げられているが、通常地盤はある程度広く同質性を有するものである。そのため、状況類似地域を区分して当該地域内の標準的な地点（標準宅地）を選定する固定資産税の評価では、通常地域の価格（標準宅地の鑑定評価）を算出する段階で考慮されることが多いと考えられる。

仮に地盤以外の価格形成要因を考慮しなければ、軟弱地盤である地域については硬質地盤の地域よりも通常低い評価額となる。そこで、地盤改良の費用を家屋の評価に上乗せしてしまうと、理論上「軟弱地盤の総額（土地＋家屋）≒硬質地盤の総額（土地＋家屋）」となってしまうが、実際に土地と家屋の全体的な資産価値を考えたとき、通常「軟弱地盤の総額（土地＋家屋）＜硬質地盤の総額（土地＋家屋）」と考えられる。

このように、固定資産（土地及び家屋）全体での評価の均衡の視点も持つことが望ましい。

２．家屋の価値が減少する地域的な要因（需給事情による減点補正）

家屋の評価では、評価基準第２章第２節六に「所在地域の状況によりその価額が減少すると認められる木造家屋等」（非木造家屋も同様の記述）について、需給事情による減点補正率を適用することとされている。

当該補正について、那須塩原市に所在する旅館の評価について争われた東京高裁（平成29年（行コ）第22号　固定資産評価審査決定取消請求控訴事件（原審・宇都宮地方裁判所平成27年（行ウ）第12号））では、「土砂災害特別警戒区域に指定されていることによる建物の構造、建築等に関する規制が、評価基準による再建築価格法による評価を補正すべき地域的な事由と直ちに断定することはできないというべきである。」、また「本件家屋は、公図未整備地域に所在すること、日光国立公園（第一種特別地域）内に所在することにより規制を受けることなどの事情が認められる。しかしながら、これらの事情は、本来土地の評価に織り込み済みの問題であって、これらがあることによって、旅館である本件家屋について、当該地域に所在するがゆえに家屋の価値が減少するというような地域性を認めることもできない」と判示された。

まず、土砂災害警戒区域の指定に際しての土地価格への影響は、「被害を受ける恐れ」の周知や心理的嫌悪感が発生することによる市場性減価が生じる可能性とされており、土砂災害警戒区域内に指定される土砂災害特別警戒区域では、それに加えて対策費用相当額等が減価要因とされている[※1]。また、需給事情による減点補正は、他の市町村との比較において価格の地域差を考慮するようなものではなく、一定の条件に当てはまる場合にのみ適用するものである[※2]。

本判決では、土砂災害特別警戒区域の部分については明確に判示されていないものの、下線部分のとおり、土地の評価に織り込み済みの問題を家屋の評価でも考慮してしまうことは、土地と家屋を全体で捉えたとき、二重に減価していることとなってしまう。

したがって、土地の評価で地域的に考慮している特殊な要因があるのであれば、家屋の評価でも二重に減価しないよう、土地の評価担当者と家屋の評価担当者の情報交換により、共通認識を持って評価に取り組むことが重要であると考えられる。

※1　平成24年度「土地に関する調査研究　防災計画等の策定と地価の関係に関する調査研究」評価センター 52～55頁

※2　石田和之[2017]「家屋の「適正な時価」と家屋評価における「所在地域の状況による減価考慮」の関係」『資産評価情報 2017.5（218号）』8、9頁

3　家屋か償却資産かの判断の留意点

家屋の評価にあたり、家屋に含まれるのか、あるいは償却資産に含まれるのかという点について悩む場面があります。留意すべき点があれば教えてください。

A

1．建築設備の取扱い

家屋に含まれるのか、あるいは償却資産に含まれるのかという点について、特に建築設備の評価にあたり悩む場面が多い。

評価基準第2章第1節七では「家屋に取り付けられ、家屋と構造上一体となつて、家屋の効用を高めるものについては、家屋に含めて評価する」とされており、特定附帯設備を除き、不動産の付合（民法第242条）の考え方に基づき判断することとなる。これらについては基準解説13～20頁に詳細が記載されており、17頁では店舗に設置されるネオンサイン等家屋の建築設備に含めないものの具体例が列挙されている。

また、基準解説16頁では、「特定の生産又は業務上の利便性を高める設備を除外する」との記載がある。これに関連して、実務提要2161・161～163頁で、メリーゴーランド方式の駐車設備は、駐車場の機能を有する設備であることから、家屋の効用を全うするための設備とはいえず、家屋の建築設備には含まれないとされているが、自走方式の自動車用エレベーターは自動車を駐車させるという当該家屋の使用目的にしたがってその効用を発揮せしめるために必要な設備とされている。

すなわち、それ自体特定の機能を果たしている設備の場合、償却資産に含まれるが、一方で当該設備がなければ家屋の効用を果たすことができない場合、家屋に含まれることとなると考えられる。

2．経年減点補正率と償却資産の耐用年数

1．のとおり、特に建築設備について、家屋であっても償却資産であっ

ても固定資産の課税客体ではあるが、いずれの資産に含めるかによって、評価額及び税額に大きく影響する。

家屋と構造上一体となった設備については、家屋の評価に含めて家屋の所有者に課税する※3ものであるが、仮に償却資産としてしまった場合、通常家屋の経年減点補正率の下がり方より早く耐用年数を迎えてしまうため、適切な課税が行われないこととなる。

ここで、非木造家屋の代表的な用途である「事務所、銀行用建物及び２～８以外の建物」の経年減点補正率が最低の0.2000に到達する年数と、減価償却資産の耐用年数等に関する省令（昭和40年大蔵省令第15号）別表第１における建物附属設備の耐用年数を比較すると、図表５－１のとおりである。

※3　実務提要151～152頁

図表5－1　非木造経年減点補正率基準表と有形減価償却資産の耐用年数表

非木造経年減点補正率基準表（1　事務所、銀行用建物及び2～8以外の建物）	
鉄骨鉄筋コンクリート造 鉄筋コンクリート造	65
煉瓦造、コンクリートブロック造及び石造	50
鉄骨造（骨格材の肉厚が4㎜を超えるもの）	45
鉄骨造（骨格材の肉厚が3㎜を超え4㎜以下のもの）	34
鉄骨造（骨格材の肉厚が3㎜以下のもの）	24

機械及び装置以外の有形減価償却資産の耐用年数表（建物附属設備）		
電気設備（照明設備を含む。）	蓄電池電源設備	6
	その他のもの	15
給排水又は衛生設備及びガス設備		15
冷房、暖房、通風又はボイラー設備	冷暖房設備（※）	13
	その他のもの	15
昇降機設備	エレベーター	17
	エスカレーター	15
消火、排煙又は災害報知設備及び格納式避難設備		8

※冷凍機の出力が22キロワット以下のもの

4 住宅用地の特例に関する留意点

土地の課税標準の特例である住宅用地の特例に関して、特に戸数の判断に悩む場面があります。留意すべき点があれば教えてください。

A 住宅用地の特例については、地方税法第349条の3の2に定めがあり、旧自治省からも「地方税法第349条の3の2の規定における住宅用地の認定について（平成9年4月1日付け自治固第13号）」（以下「通知」という。）が出され、その後「「地方税法第349条の3の2の規定における住宅用地の認定について」等の一部改正について（平成27年5月26日付け総税固第42号）」、「地方税法の施行に関する取扱いについて（市町村税関係）の一部改正について（平成29年4月1日付け総税市第26号）」で、改正点が示されている。

住宅用地の特例は、土地の課税標準の特例であるが、次に記載するとおり、戸数の算定や床面積の按分にあたり、家屋の状況が密接に関連する。

1．戸数の算定

ア．住宅か否か

通知では、「住宅に該当するかどうかは、一個の家屋ごとに判断するものとし、この場合原則として一棟の家屋をもって一個の家屋とする。」とされている。

また、不動産登記事務取扱手続準則第78条第1項では「効用上一体として利用される状態にある数棟の建物は、所有者の意思に反しない限り、1個の建物として取り扱うものとする。」とされている。このことから、例えば住宅に付随する車庫が、住宅とは物理的に分断されていたとしても、住宅用地の戸数の認定にあたっては、住宅と車庫を併せて1戸と捉えることになる。

しかし、固定資産税の家屋の評価は、物理的に構造上一体か否かで捉えるため、家屋の評価は分けて行うことになる。

イ．一棟の家屋内で区画された部分がある場合

通知では、「一棟の家屋内に一世帯が独立して生活を営むことができる区画された部分が二以上設けられている場合には、当該二以上の区画された部分がそれぞれ住居となるものである。」とされている。

したがって、当該通知内容から通常のマンション等共同住宅は、それぞれ一世帯が独立して生活を営むことができる区画された部分と考えられるため、独立した部分ごとに１戸となる。しかしここで留意が必要となるのが、二世帯住宅の場合である。

実務提要3021～3022頁では、

（１） 構造上の独立性を有すること … １、２階の各々の専用部分が容易に出入りできない構造となっていること

（２） 利用状況の独立性を有すること … 他の「独立的に区画された部分」を利用しないで、居住生活がなされていること

が求められている。

このため、親世帯と子世帯では、それぞれに住宅用地の特例の要件（専用の出入口、炊事場及び便所）を満たし、家屋内部で容易に行き来できなくなっている必要がある。

２．床面積の按分

通知では、「併用住宅の共用部分については、専用部分の床面積の割合によってあん分し、それぞれの専用部分に含める。」とされている。

例えば、１階が店舗で、２階が住宅の場合に、店舗と住宅で共用している部分（廊下等）があれば、当該部分は店舗部分の床面積と住宅部分の床面積で按分して住宅部分の床面積を算定することとなる。したがって、按分計算の結果によっては、下記の地方税法施行令第52条の11第２項の表の適用される率が異なってくる可能性があることに留意が必要である。

この点についても、家屋の評価を行う段階で、家屋担当者が図面等から家屋内部の状況を把握していれば、家屋担当者の有する情報と照らし合わせて按分計算することが望ましい。

家屋		居住部分の割合	率
イ	ロに掲げる家屋以外の家屋	4分の1以上2分の1未満	0.5
		2分の1以上	1.0
ロ	地上階数5以上を有する耐火建築物である家屋	4分の1以上2分の1未満	0.5
		2分の1以上4分の3未満	0.75
		4分の3以上	1.0

3．建替特例

通知では、「住宅の建設予定地は住宅の敷地ではないが、既存の住宅に代えて住宅が建設中である土地の取り扱いについては「住宅建替え中の土地に係る固定資産税及び都市計画税の課税について」（平成６年２月22日付け自治固第17号）による。」とされている。

この点についても、単に外観から判断することは非常に困難であるため、家屋の情報が必要となる。

5 土地と家屋の非課税判断の違い

Q 非課税の判断にあたって、土地と異なる点があれば教えてください。

A 地方税法第348条では、固定資産税を課することができない非課税の範囲が規定されている。非課税についても、地方税法第348条の条文上、その対象を「○○の用に供する固定資産」とされている場合、土地と家屋のいずれかだけを非課税とするような誤りを避けるべく、土地担当者と家屋担当者が連携することはもちろんであるが、特に以下の場合に留意が必要となる。

1．誤解を生じやすいケース

地方税法第348条では、土地、家屋、償却資産のいずれを対象としているか明確なものが多いが、下記のケースについては、安易に「家屋が非課税なので土地も非課税」としないよう留意が必要である。

ア．文化財保護法（地方税法第348条第2項第8号）

当該条文の末尾が「家屋又はその敷地」とされていることから、土地（更地）も非課税のように誤解されやすいが、「敷地」とは建築基準法施行令第1条第1項第1号の規定によれば、「一の建築物又は用途上不可分の関係にある二以上の建築物のある一団の土地をいう。」とされている。すなわち、更地は「敷地」ではないことから、本号の規定は「家屋」又は「その家屋の敷地」に限られ[※4]、更地は対象とならないことに留意が必要である。

イ．事務所及び倉庫（地方税法第348条第4項及び地方税法施行令第49条の4）

※4　逐条解説91頁

当該条文に定める「事務所及び倉庫」とは、「事務所たる建物」「倉庫たる建物」をいい、事務所及び倉庫の敷地は、固定資産税の非課税の対象には含まれない[※5]こととされている。このように、用語を正確に理解し、安易に土地まで非課税としないよう留意が必要である。

2.一部に非課税部分のある家屋とその敷地

非課税部分と課税部分が混在している家屋については、地方税法ではなく評価基準にその定めがある。

評価基準第２章第１節
五　非課税部分等のある家屋の価額の区分
　一棟の家屋について固定資産税を課することができる部分とこれを課することができない部分とがある場合その他一棟の家屋の価額を二以上の部分に区分して求める必要がある場合においては、それぞれの部分ごとに区分して価額を求めるものとする。ただし、それぞれの部分ごとに区分して価額を求めることが困難であると認められるときは、当該家屋の価額をそれぞれの部分の占める床面積の割合その他それぞれの部分の価額を求めるのに適当と認められる基準によつてあん分してそれぞれの部分の価額を求めるものとする。

一方、このような家屋の敷地について、実務提要708、749頁では、以下のとおり、家屋の利用床面積により按分することとされている。

建物の一部に非課税対象外用途部分がある場合の非課税土地の認定について（348②Ⅸ）

問　1000㎡の土地に建築面積600㎡（一階部分床面積600㎡、二階部分500㎡）の建物があり、その二階部分のみ学校法人の幼稚園として、その用に供し建物の非課税適用を受けている。一階部分は、同法人理事長の自宅として専用しており、非課税対象から除外されている。この場合、土地に関する非課税面積の取扱いは、一階部分の用途で判断するのか、又は床

※5　逐条解説68頁及び145頁

面積按分とするのか。

答　家屋及び当該家屋の敷地の用に供されている土地が非課税とされる場合で、家屋の一部に非課税の用途に供されている部分とそうでない部分があるときの当該敷地の用に供されている土地に係る固定資産税の取扱いについては、家屋の利用床面積により按分して課税するのが適当である。したがって、後段お見込みのとおり。

したがって、家屋の評価額算出時に床面積の割合によって按分した場合、土地の税額も当該按分結果と整合させる必要がある。

編著者

一般財団法人　日本不動産研究所　固定資産税評価研究会

監修

戸張　有（とばり たもつ） 公共部長

編集

山田　明（やまだ あきら） 公共部 参事

執筆者

七元　広宣（ななもと ひろのぶ） 九州支社 上席主幹 兼 公共部
山田　明（やまだ あきら） 公共部 参事
宮下　達夫（みやした たつお） 公共部 主席専門役
髙原　康正（たかはら やすまさ） 公共部 専門役

Q&A　固定資産税家屋評価の実務ポイント

令和5年10月6日　第1刷発行

編著者　一般財団法人　日本不動産研究所
固定資産税評価研究会

発　行　株式会社ぎょうせい

〒136-8575　東京都江東区新木場1-18-11
URL：https://gyosei.jp

フリーコール　0120-953-431
ぎょうせい　お問い合わせ　検索　https://gyosei.jp/inquiry/

〈検印省略〉

印刷　ぎょうせいデジタル株式会社

ISBN978-4-324-11315-8
(5108895-00-000)
［略号：QA家屋評価］